U0626159

9787210160342

御瓷歸來

《御瓷归来》编委会

总 策 划　王旭东　梅　亦

统　　筹　王跃工　丁新权

主　　编　王光尧　管　理

编　　委　刘昌兵　许　凯　韩　倩　刘晓军　王琴红
　　　　　彭　舟　邹　媛　翁彦俊　彭国红　郑庆伟
　　　　　王晓毅　姚　旸

执行编辑　刘　薇　李雪蕾

御瓷归来

THE IMPERIAL PORCELAIN RETURNS

故宫博物院
江西省文化和旅游厅
主编

江西省博物馆
编著

江西人民出版社
全国百佳出版社

午門

御瓷

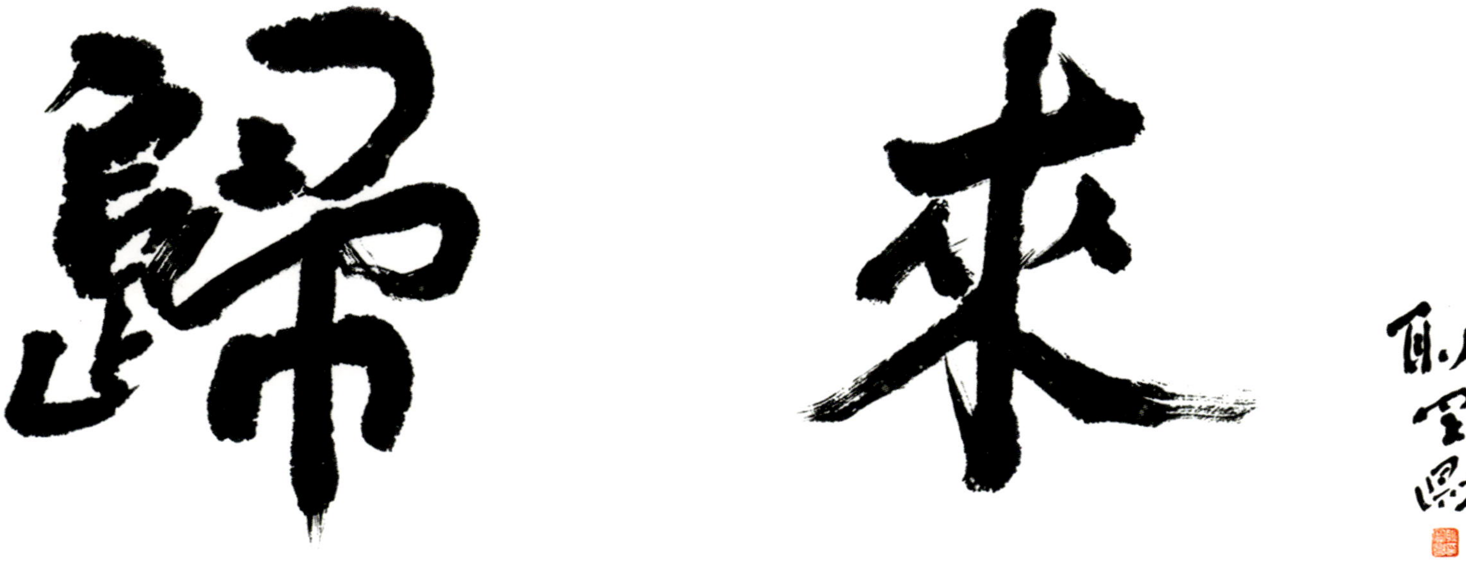
歸來
耿雲寫

前言

泱泱大国，五千载灿烂文明；悠悠赣鄱，上万年窑火不熄。江西陶瓷历史源远流长，古窑址遍及全省各地。万年仙人洞烧造出距今两万年的最古老陶器，洪州窑、景德镇窑、吉州窑、七里镇窑等所产瓷器享誉中外。明清景德镇御窑瓷器更以其品质之精、工艺之巧、标准之高、拣选之严，旷绝一世，成就中国制瓷史上一个又一个高峰。

习近平总书记在景德镇考察时指出："中华优秀传统文化自古至今从未断流，陶瓷是中华瑰宝，是中华文明的重要名片。"明清御瓷，集历代名窑之精华，探陶瓷艺术之至臻，成就中华优秀传统文化之典范，彰显中华文明海纳百川、融合万邦之风范。

让我们循御瓷归来之路，品名瓷雅韵繁华盛景，览中华文明璀璨篇章。

PREFACE

China boasts five thousand years of splendid civilization, while kiln fires have burned for tens of thousands of years in Jiangxi. The ceramic culture of Jiangxi boasts a long history, with ancient kiln sites scattered across the province. The Xianrendong Site in Wannian County has yielded the oldest pottery dating back 20,000 years. The porcelain produced at kilns such as Hongzhou Kiln, Jingdezhen Kiln, Jizhou Kiln, and Qilizhen Kiln is renowned both at home and abroad. The products from Jingdezhen Imperial Kiln of the Ming and Qing Dynasties are not only excellent and delicate in quality and craftsmanship, but also high in standards and strict in selection. They have achieved one peak after another in the history of Chinese porcelain making.

During his visit to Jingdezhen, President Xi Jinping pointed out that China's excellent traditional culture has never ceased to develop from ancient times to the present day, and ceramics is a treasure of China and an important name card of Chinese civilization. The Ming and Qing imperial porcelain, gathering the essence of famous kilns of all dynasties and exploring the ultimate realms of ceramic art, stands as a paradigm of China's excellent traditional culture, manifesting the magnanimous and inclusive spirit of Chinese civilization, which embraces diverse cultures and incorporates styles of all nations.

Let us follow the path of the return of imperial porcelain, enjoy its elegant and prosperous scenery, and witness the brilliant chapter of Chinese civilization.

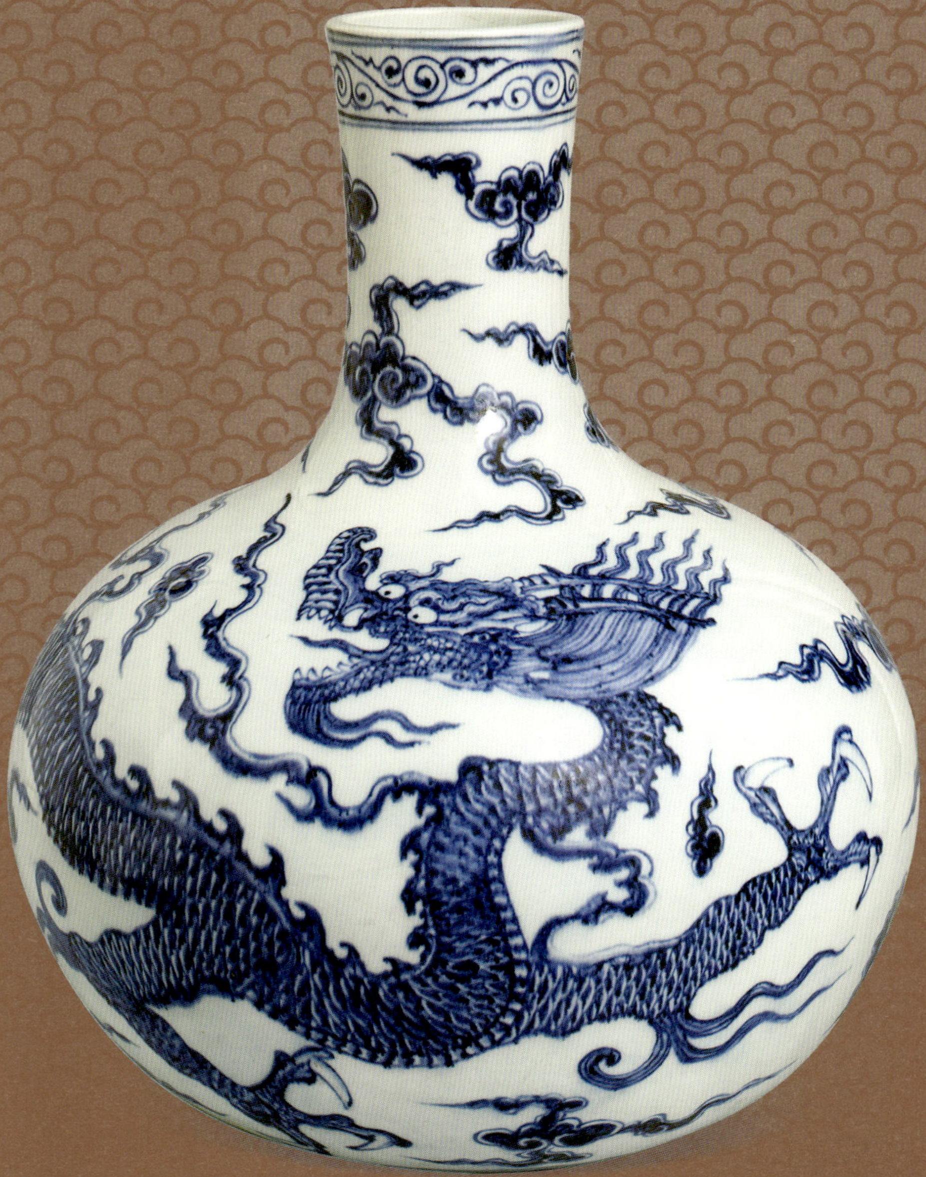

青花云龙纹天球瓶

明永乐（1403—1424）
故宫博物院藏
高 43.2 厘米，口径 9.4 厘米，底径 16.5 厘米

皇权国威的象征，明初经典器形。啸于九天的青花龙游弋于天际云海之间，雄浑饱满的天球瓶似浩瀚宇宙，完美烘托云龙气势，将王权国威的大气庄严体现得淋漓尽致。

青花海水白龙纹天球瓶

明永乐（1403—1424）
故宫博物院藏
高 42.7 厘米，口径 9.5 厘米，底径 16.3 厘米

运用暗刻留白手法，以青花海水为地，反衬清晰鲜明的龙纹。白龙刚健有力，游走于幽蓝海水间，腾飞于惊涛骇浪中，颇有登天入渊、行云布雨之势。蓝白互映，构思奇巧，寓意国家风调雨顺、百姓安居乐业。

目　录 CONTENTS

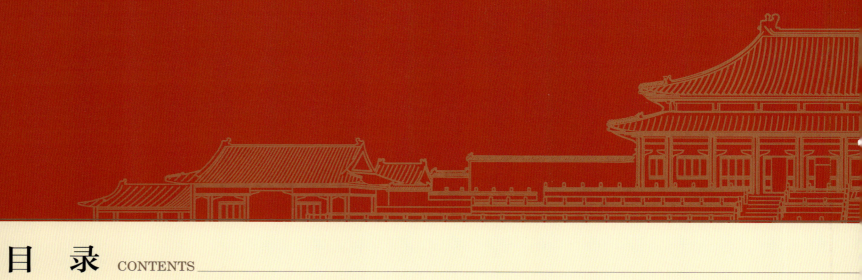

第一部分

何以御窑

Part One

What Makes the Imperial Kiln

御窑是明清两朝在景德镇设立的专门负责组织瓷器生产的机构，是官窑的最高形式，产品专供御用。依托皇家授予的特权，御窑拥有最优的制瓷原料，汇集全国各地的能工巧匠，遵循严格完备的督陶制度，生产出无与伦比的御用瓷器。

The Imperial Kiln was an organization set up in Jingdezhen in the Ming and Qing Dynasties, responsible for organizing porcelain production. It was the highest form of the official kiln, and the products were only made for the imperial use. Relying on the privileges granted by the royal family, the Imperial Kiln had porcelain raw materials of the best quality, gathered skilled craftsmen from all over the country, and followed a strict and complete supervision system to produce the unparalleled imperial porcelain.

第一单元　规制恢弘

景德镇御窑，明代称御器厂，清代称御窑厂。它坐落于景德镇中心的珠山南麓，坐北朝南，以纵轴为中心，东西对称，分布着衙署、庙宇、轩寝、作坊等建筑，布局合理，气势恢弘。功能完备的官署建筑格局，工序齐全的制瓷生产体系，彰显了皇家窑厂的非凡气度。

文献中关于御器厂设立时间的不同记载

洪武二年（1369年）	御器厂建于里仁都珠山之南，明洪武二年设厂制陶，以供尚方之用。规制既宏，迨后基益扩，垣周五里许。	《浮梁县志》
洪武末年	至我朝洪武之末，始置御器厂，督以中官。	《重建敕封万硕师主佑陶庙碑记》
洪武三十五年（1402年）	洪武三十五年始开窑烧造……有御厂一所。	《江西省大志》
宣德初年	（县）西南有景德镇，宣德初，置御器厂于此。	《明史》

【文献】

御器厂中为堂，后为轩、为寝，寝后高阜为亭，堂之傍为东西序，东南有门，堂之左有官署，堂之前为仪门、为鼓楼、为东西大库房。

——（明）《江西省大志》

厂跨珠山，周围约三里许。中为大堂，堂后为轩、为寝。寝北有小阜，即珠山所由名，旧建亭其上。堂两旁为东西序，又东迤南各有门。又东为官署、为东西大库房、为仪门、为鼓亭、为督工亭、为狱房，今废。

——（清）《景德镇陶录》

采石
烧窑

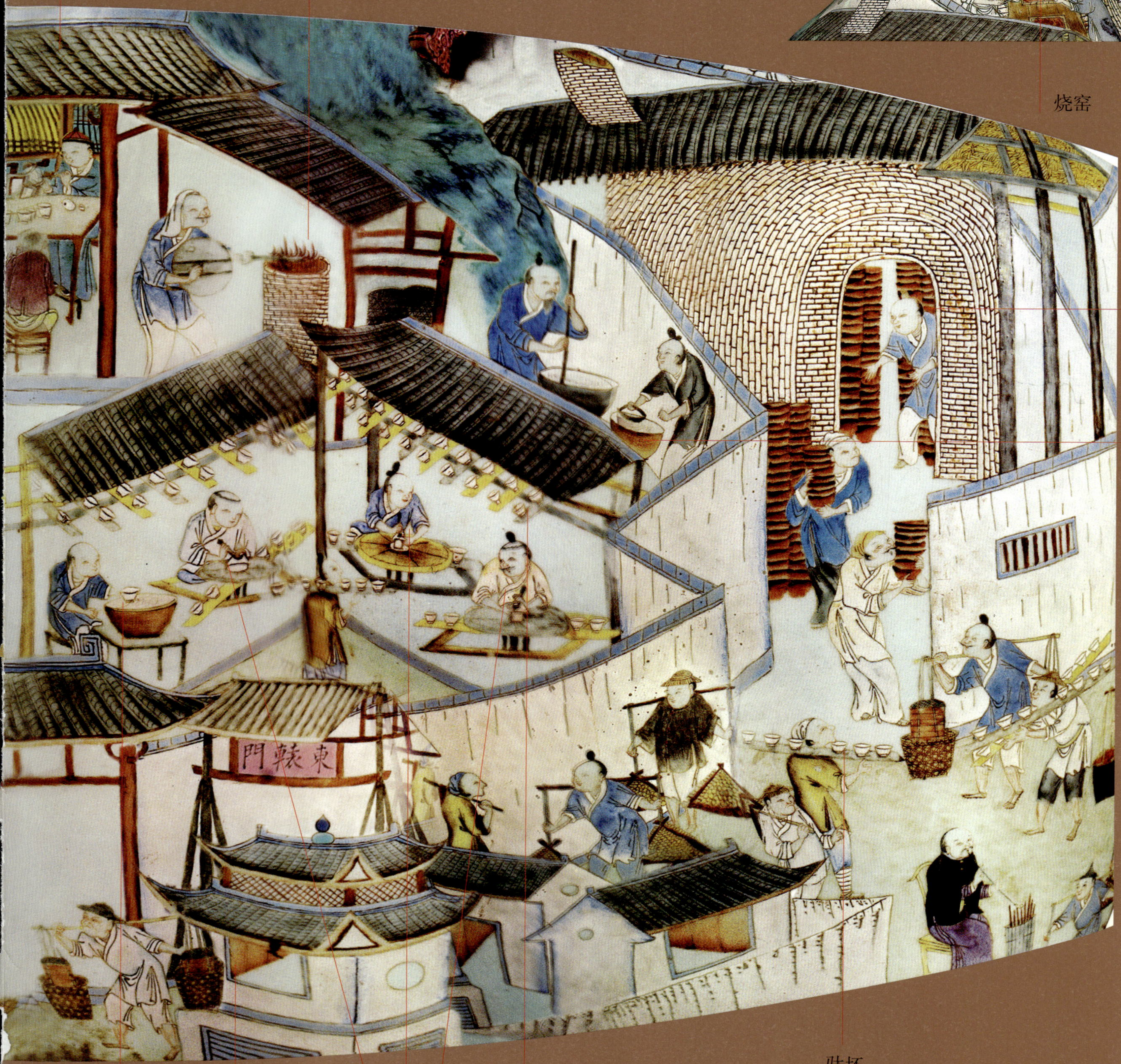
大堂
暗炉
满窑
过筛
東轅門
驮坯
吹鼓亭
晒坯
蘸釉
制坯

粉彩御窑厂制瓷图瓶腹部展开图

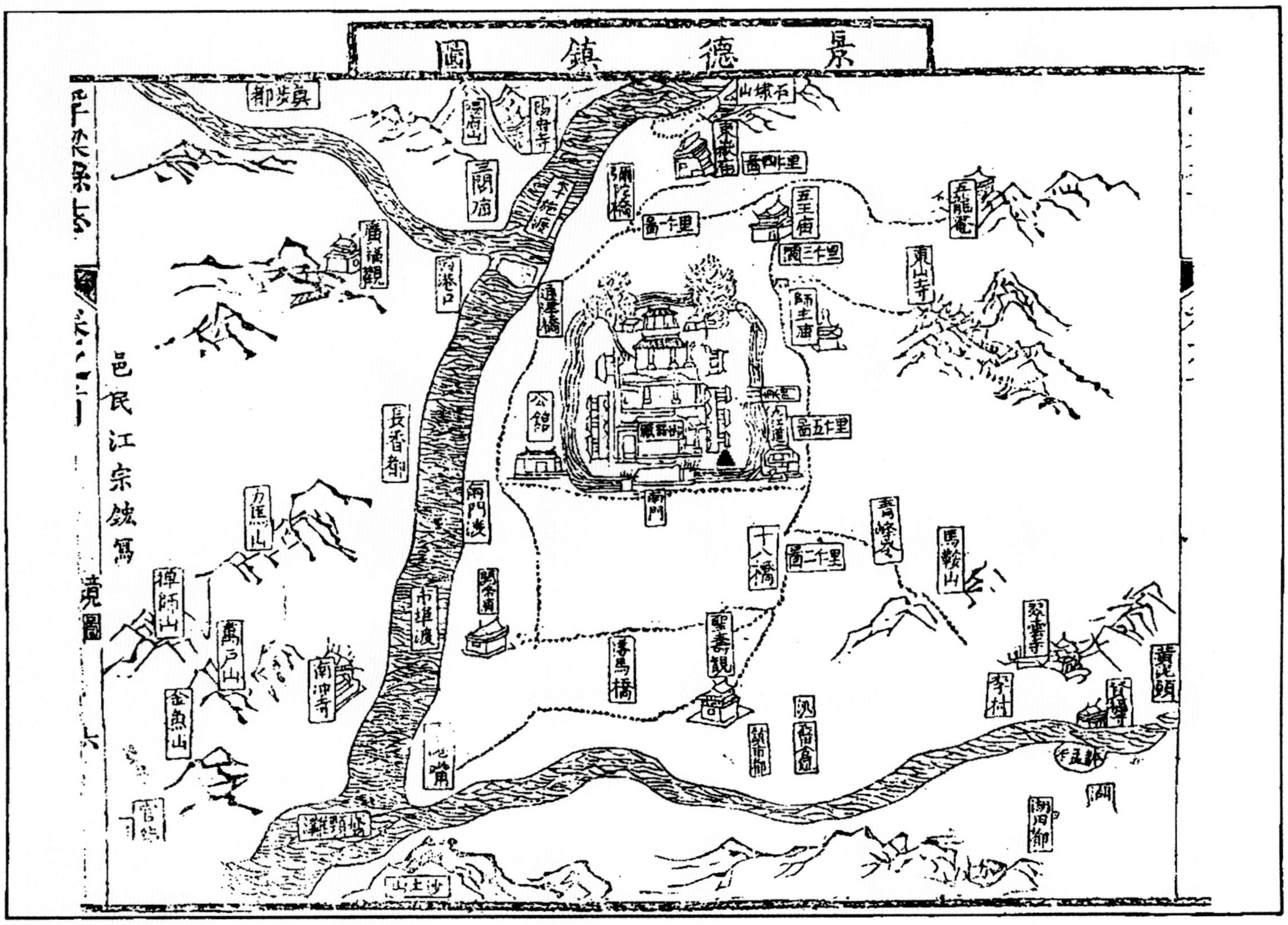

清康熙二十一年《浮梁县志》所录景德镇图中的御器厂

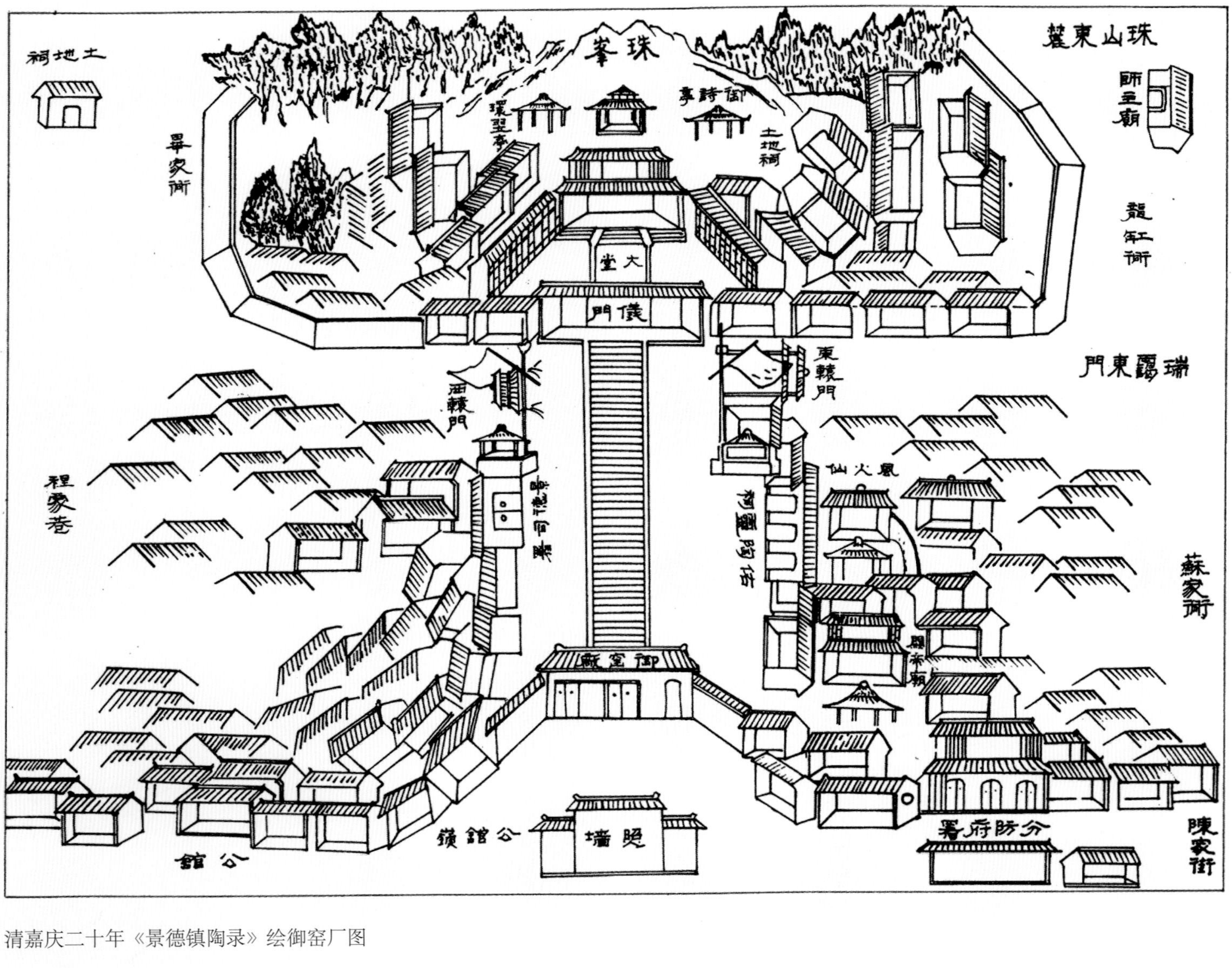

清嘉庆二十年《景德镇陶录》绘御窑厂图

正面

背面

粉彩御窑厂制瓷图瓶

清嘉庆（1796—1820）
山西博物院藏
高 60.3 厘米，口径 20.2 厘米，腹径 24 厘米，足径 18.5 厘米

此瓶以御窑厂中轴线展开布局，颈部绘珠山及御诗亭，腹部以房屋工棚为间隔，展现采石、制坯、画坯、吹釉、满窑、烧窑等生产场景。所绘人物多达 50 余人，其中 4 人为作头，其余匠人各司其职，专心劳作，真实再现了清中期御窑厂的繁荣图景，印证了文献有关御窑厂建制、分工、生产等情况的记载。

粉彩御窑厂制瓷图瓶三维影像

第二单元　至尊上品

明初，“祭器皆用瓷”，瓷器由此进入国家政治生活领域，成为皇权礼制的象征。其后数百年间，御瓷在祭祀礼仪、国家政治、宫廷生活等方面发挥着重要作用，形成了一套严格的御瓷使用制度，明尊卑、辨等级，体现了皇权的神圣森严。

【文献】

凡祭祀器皿，洪武元年，令太庙器皿，易以金造；乘舆服御诸物，应用金者，以铜代之。二年定，祭器皆用瓷。

——《大明会典》

祭祀用瓷

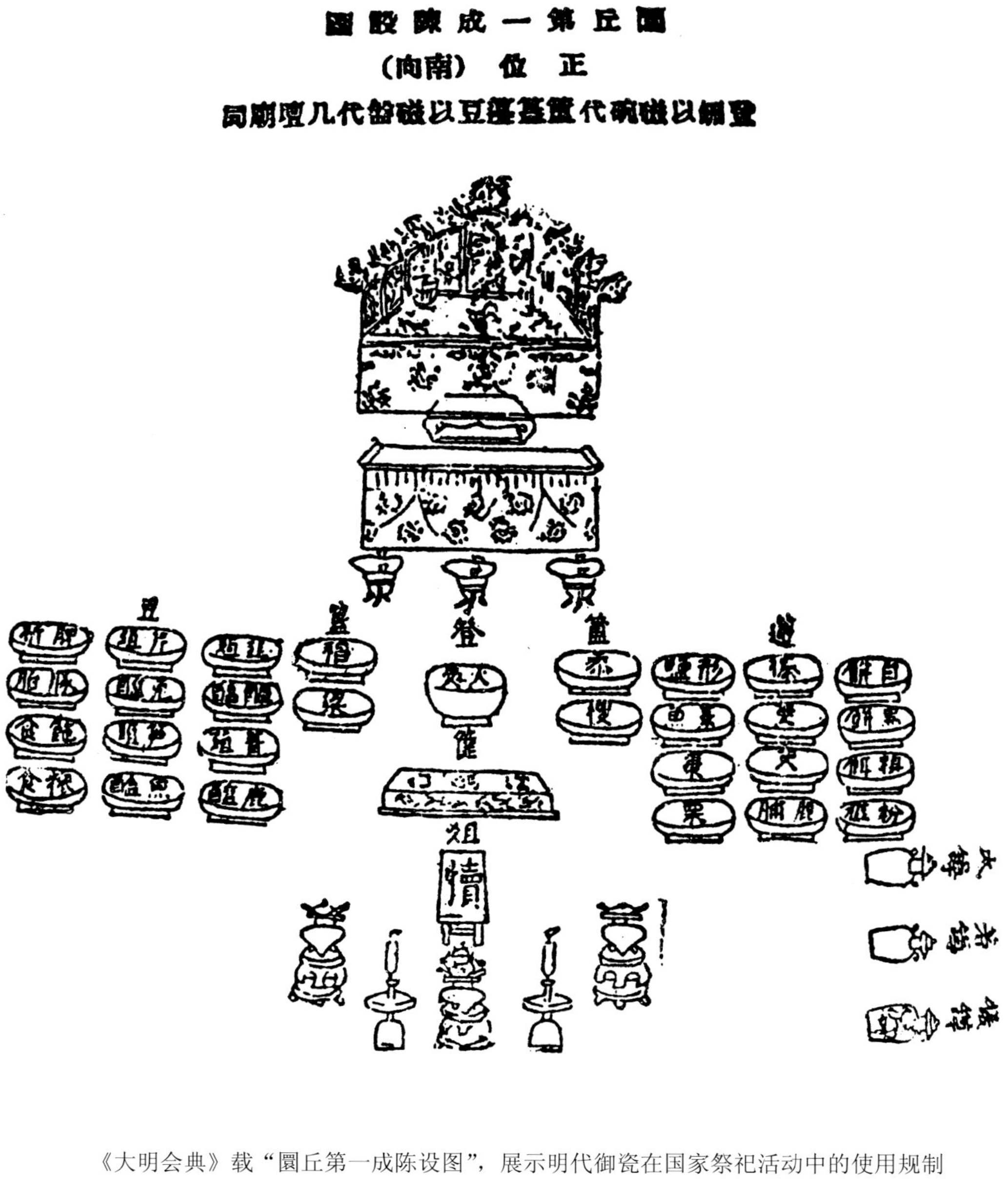

《大明会典》载“圜丘第一成陈设图”，展示明代御瓷在国家祭祀活动中的使用规制

祭蓝釉爵

明嘉靖（1522—1566）
故宫博物院藏
通高 16.2 厘米，口径 12.9×6.7 厘米，足距 6.8 厘米

“国之大事，在祀与戎”。自古以来，爵是祭祀活动中必不可少的用具。明代祭祀用器改用瓷，但爵沿用古制，其余登、铏、簠等沿用古名，均以碗盘代替。

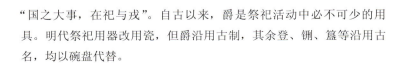

祭蓝釉凸花纹簋
清乾隆（1736—1795）
故宫博物院藏
通高 19.2 厘米，口径 15×8.8 厘米

黄釉凸花纹盖豆
清乾隆（1736—1795）
故宫博物院藏
通高 27.5 厘米，口径 16.1 厘米，足径 15 厘米

祭红釉高足碗

清雍正（1723—1735）

故宫博物院藏

高 10.9 厘米，口径 15.2 厘米，足径 4.3 厘米

白釉凸螭龙纹簠

清乾隆（1736—1795）

故宫博物院藏

通高 23.6 厘米，口径 26×21 厘米，足径 19×14.5 厘米

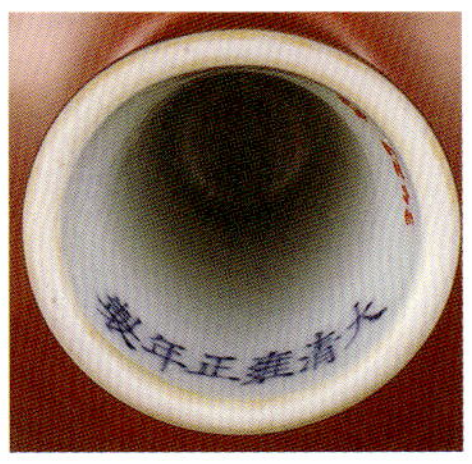

《大明会典》记载：“四郊各陵瓷器：圜丘青色，方丘黄色，日坛赤色，月坛白色，行江西饶州府如式烧解。”

清初沿用明代祭祀礼制，以四色祭四郊。至乾隆十二年，实行复古改制，命宫廷画师绘制《皇朝礼器图》，仿铜器形制烧造对应瓷质礼器。

皇朝礼器图

天壇從位陶爵謹按周禮太宰贊玉幣爵之事說文云爵禮器象雀之形陸佃禮象古銅爵有首有尾有柱有足有柄博古圖謂前若噣後若尾足修而銳形若戈然兩柱為耳乾隆十三年
欽定祭器
天壇從位爵用青色甆通高四寸六分深二寸四分兩柱高七分三足相距各一寸八分高二寸腹為雷紋饕餮形

天壇從位陶爵一東西壇

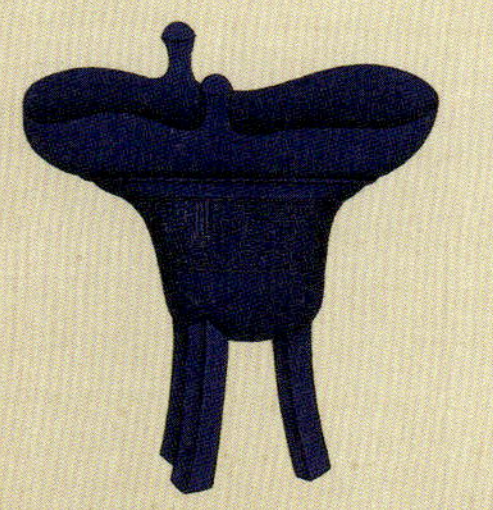

天壇從位簠說見
正位

天壇從位簠一東西壇

天壇從位登說見
正位

天壇從位登一東西壇

天壇從位尊說見
正位

天壇從位尊一東西壇

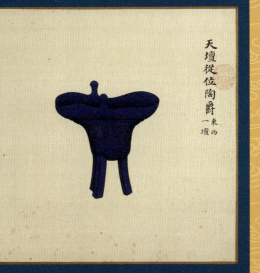

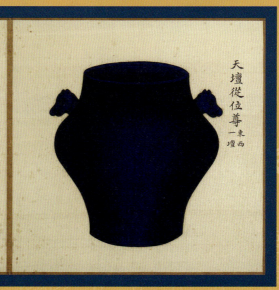

天壇從位琖東西一壇

天壇從位琖　謹按禮記明
堂位夏后氏以琖疏
云以玉飾之前云玉
琖仍雕是也乾隆十
三年
欽定祭器
天壇從位琖用青色甆通高
一寸九分深一寸五
分口徑三寸四分足
徑一寸二分純素

天壇從位簠東西一壇

天壇從位簠　説見
正位

天壇從位豆東西一壇

天壇從位豆　説見
正位

天壇從位鉶東西二壇

天壇從位鉶　謹按周禮亨人祭祀
共鉶羹注謂羹加五味盛以
鉶器也儀禮疏據羹在鉶言
之謂之鉶羹據器言之謂之
鉶芼漢書注曰鉶瓦器也乾
隆十三年
欽定祭器
天壇從位鉶用青色甆高三寸九分
深三寸六分口徑五寸底徑
三寸三分足高一寸三分兩
耳為犧形口繪藻紋次回紋
腹繪貝紋蓋高二寸五分繪
藻紋回紋雷紋上有三峯高
九分飾以雲紋足紋同

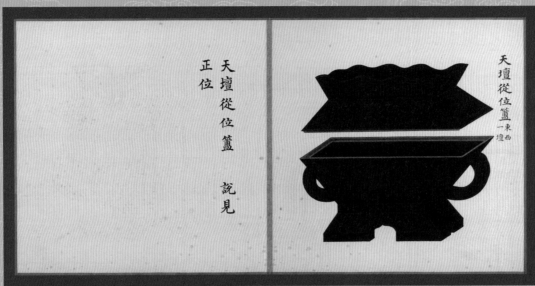

进膳用瓷

清代宫廷进膳用瓷规制

皇帝　皇太后　皇后	全黄釉瓷
皇贵妃	白里黄釉瓷
贵妃　妃	黄地绿龙瓷
嫔	蓝地黄龙瓷
贵人	绿地紫龙瓷
常在	五彩红龙瓷
答应	各色瓷

全黄釉锥拱海水龙纹碗

清乾隆（1736—1795）
故宫博物院藏
高 6.8 厘米，口径 14.5 厘米，足径 6.2 厘米

皇帝、皇太后、皇后用

白里黄釉锥拱海水龙纹碗

清乾隆（1736—1795）
故宫博物院藏
高 6.8 厘米，口径 15.3 厘米，足径 6.1 厘米

皇贵妃用

黄地绿彩锥拱海水云龙纹碗

清乾隆（1736—1795）
故宫博物院藏
高 6.5 厘米，口径 14.3 厘米，足径 6.3 厘米

贵妃、妃用

青花地黄彩锥拱云龙纹碗

清乾隆（1736—1795）
故宫博物院藏
高 6.7 厘米，口径 14 厘米，足径 6.1 厘米

嫔用

绿地紫彩锥拱云龙纹碗

清乾隆（1736—1795）
故宫博物院藏
高 6.7 厘米，口径 14.8 厘米，足径 6.1 厘米

贵人用

赏赐用瓷

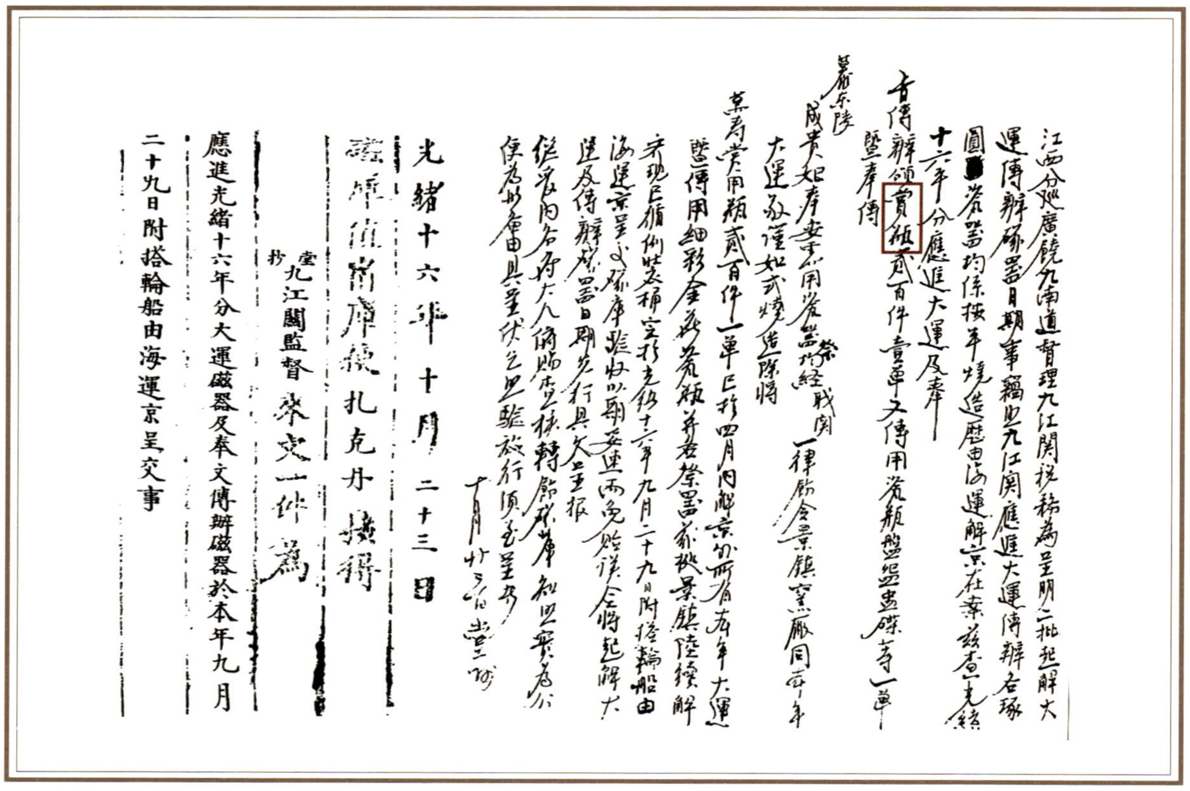

光緒十六年十月二十三日

九江關監督

應進光緒十六年分大運磁器及奉文傳辦磁器於本年九月二十九日附搭輪船由海運京呈交事

清光绪十六年大运及传办瓷器进单中有关“赏瓶”的档案记录

青花缠枝莲纹赏瓶

清光绪（1875—1908）
故宫博物院藏
高 34.5 厘米，口径 10 厘米，足径 13.1 厘米

赏瓶，初名“玉堂春瓶”，清雍正时督陶官唐英“参古今之式，动以新意，备储巧妙”而奉旨烧造的款式，因常用于皇帝赏赐功臣而得名。瓶身常以青花缠枝莲为饰，取“清廉”之意。

祭红釉玉壶春瓶

清乾隆（1736—1795）
故宫博物院藏
高 31 厘米，口径 9 厘米，足径 11.3 厘米

祭红釉，亦称霁红釉。明清时期，御瓷常作为国礼赠送给外国使节或贵族。清宫档案记载，乾隆十四年（1749）七月初六日，皇帝赏赐给暹罗（今泰国）国王的瓷器中即包括两件祭红釉玉壶春瓶。

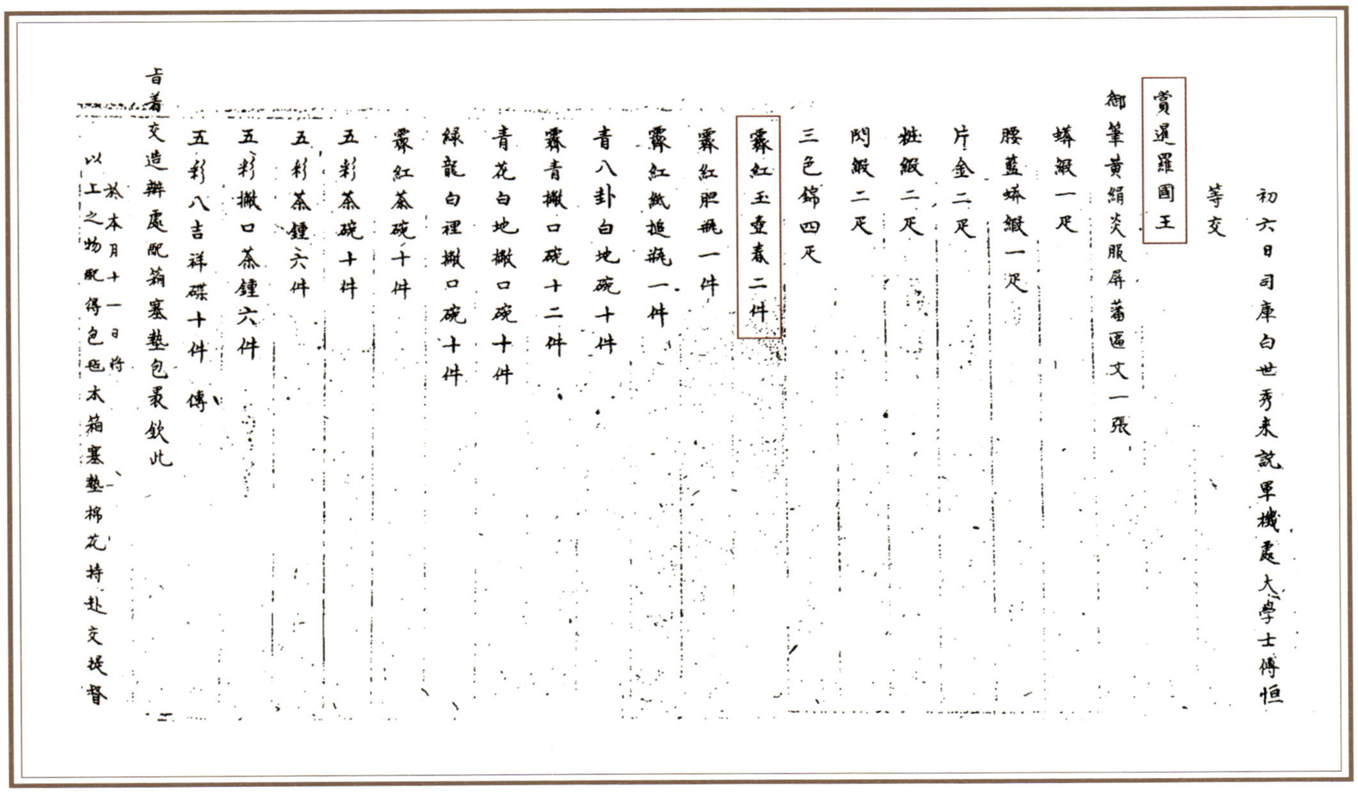

初六日司庫白世秀來說軍機處大學士傅恒
等交
賞暹羅國王
御筆黄絹炎服屏藩匾文一張
蟒緞一疋
腰藍蟒緞一疋
片金二疋
妝緞二疋
閃緞二疋
三色錦四疋
霽紅玉壺春二件
霽紅肥瓶一件
霽紅紙搥瓶一件
青八卦白地碗十件
霽青撇口碗十二件
青花白地撇口碗十件
綠龍白裡撇口碗十件
霽紅茶碗十件
五彩茶碗十件
五彩茶鍾六件
五彩撇口茶鍾六件
五彩八吉祥碟十件 傳
旨着交造辦處配匣塞墊包裹欽此
於本月十一日將以上之物配得包袱木箱塞墊棉花持赴交提督

清乾隆十四年赏赐暹罗国王瓷器的档案记录

第三单元　精工细琢

御瓷的生产受皇家严格管控，从样式到订单都有明确要求及规定。景德镇御窑依照敕命，悉心毕力，刻意求工，不仅能高质量完成宫廷日用瓷器的烧造，保证御瓷烧造的连续性和稳定性，更以其旺盛的创造力，引领时代审美，生产出一代代各具特色的经典瓷器。

承续定烧

明清御瓷大部分为宫廷日常生活用瓷，每年按例大量烧造，历朝历代遵循不替。同时，政治生活的需求和皇帝个人的意志又深刻影响着御瓷的制作，使御窑在严格的“标准化”生产之外，诞生了一批批反映皇帝个人喜好、风格类型多样、工艺至精至巧的宫廷御用瓷。

◎大运瓷器

每年按年例按固定样式烧造、大批量运输的瓷器，数量占比最大，用以满足清宫日常生活所需。

◎传办瓷器

①奉旨传办：由皇帝亲自下旨烧造，其造型、釉色、装饰花样，甚至有些数量、款识都由皇帝钦定。

②奉文传办：主要指由太常寺提出，内务府发文烧造的祭祀用器皿。

◎进贡瓷器

由督陶官等官员定期或年节向宫廷进贡的瓷器。

大运瓷器

【文献】

内务府大臣三□具奏呈览，乾隆十二年十二月二十一日奉旨将选定瓷器交唐英，嗣后烧造俱照现今发去样款为定，琢器五十二件，样式尺寸不许更改，其颜色、花纹或于此内酌量互相更换尚可。圆器一百六十四件，样式尺寸、颜色、花纹总不许有更换……钦此。

——《清宫瓷器档案全集》

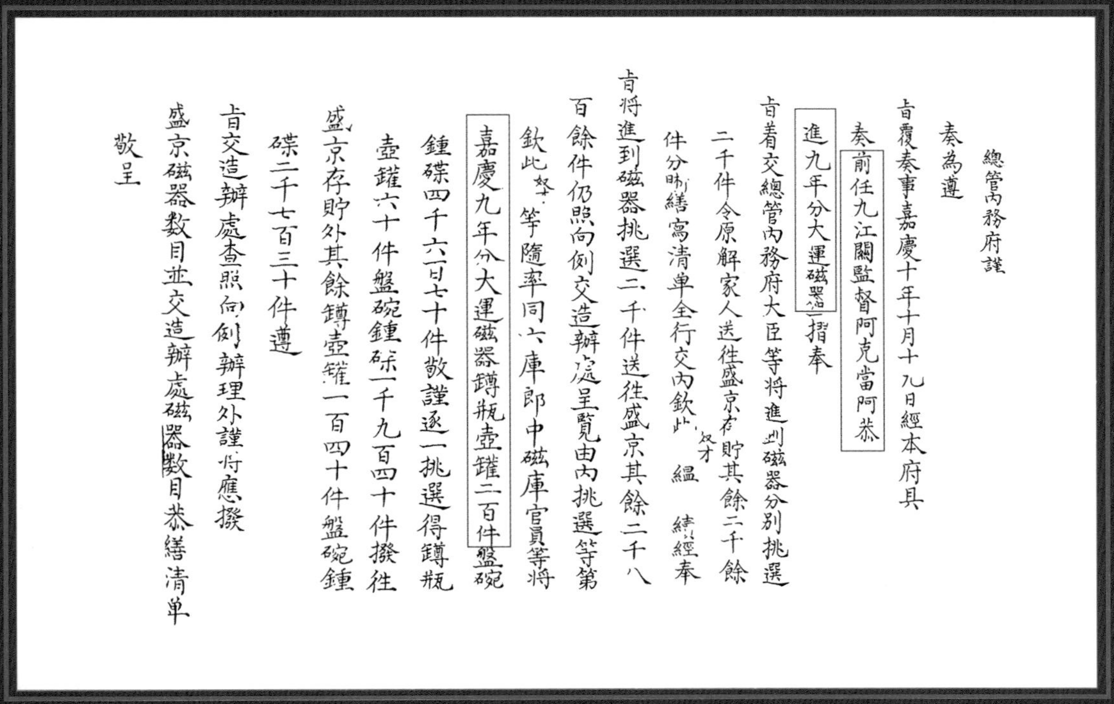

總管內務府謹
奏為遵
旨覆奏事嘉慶十年十月十九日經本府具
奏前任九江關監督阿克當阿恭
進九年分大運磁器摺奉
旨着交總管內務府大臣等將進到磁器分別挑選
二千件令原解家人送往盛京存貯其餘二千餘
件分晰繕寫清單全行交內欽此奴才縕 績經奉
旨將進到磁器挑選二千件送往盛京其餘二千八
百餘件仍照向例交造辦處呈覽由內挑選等第
欽此奴才等隨率同六庫郎中磁庫官員等將
嘉慶九年分大運磁器罇瓶壺罐二百件盤碗
鍾碟四千六百七十件敬謹逐一挑選得罇瓶
壺罐六十件盤碗鍾碟一千九百四十件撥往
盛京存貯外其餘罇壺罐一百四十件盤碗鍾
碟二千七百三十件遵
旨交造辦處查照向例辦理外謹將應撥
盛京磁器數目並交造辦處磁器數目恭繕清單
敬呈

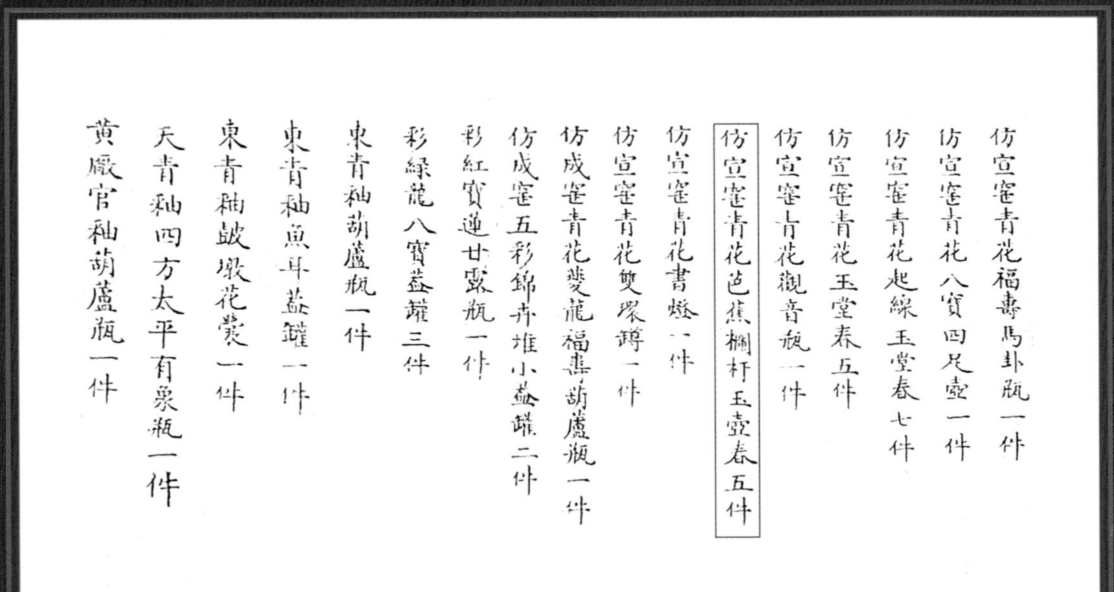

仿宣窰青花福壽馬卦瓶一件
仿宣窰青花八寶四足壺一件
仿宣窰青花起線玉堂春七件
仿宣窰青花玉堂春五件
仿宣窰青花觀音瓶一件
仿宣窰青花芭蕉欄杆玉壺春五件
仿宣窰青花書燈一件
仿宣窰青花雙環罇一件
仿成窰青花夔龍福壽葫蘆瓶一件
仿成窰五彩錦卉堆小盔罐二件
彩紅寶蓮甘露瓶一件
彩綠龍八寶盔罐三件
東青釉葫蘆瓶一件
東青釉魚耳盔罐一件
東青釉皺墩花囊一件
天青釉四方太平有象瓶一件
黄廠官釉葫蘆瓶一件

关于嘉庆九年大运瓷器使用情况的档案记录

青花竹石芭蕉图玉壶春瓶一组

清乾隆—光绪（1736—1908）
故宫博物院藏

竹石芭蕉图玉壶春瓶是清代大运瓷器的品种之一。始见于明洪武御窑，清康熙仿明初之作，至乾隆时期形成固定式样，延烧至清末。

清乾隆（1736—1795）
高 28.2 厘米，口径 7.2 厘米，足径 8.9 厘米

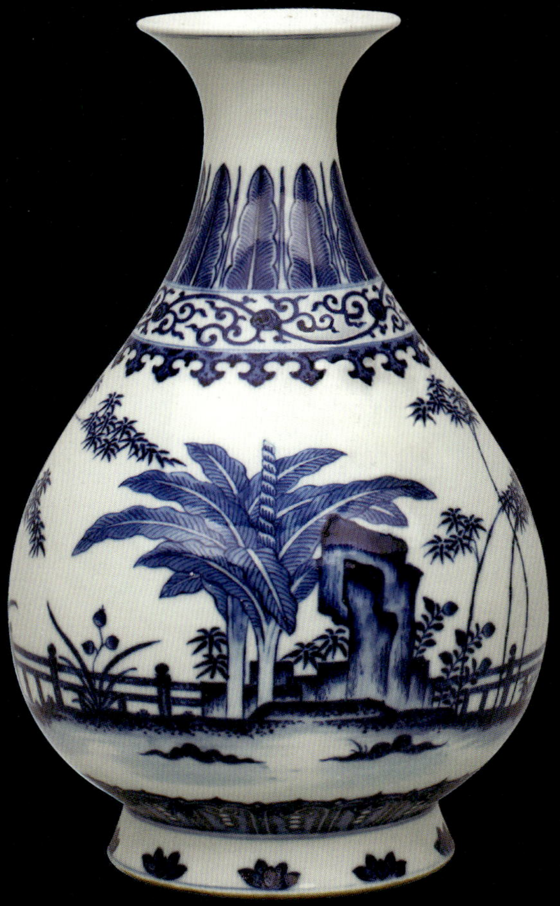

清嘉庆（1796—1820）
高 29.1 厘米，口径 8.4 厘米，足径 11.4 厘米

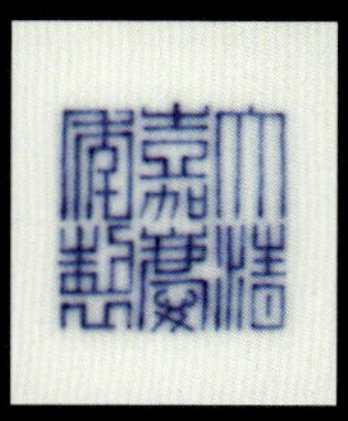

高 28.7 厘米，口径 8.1 厘米，足径 11 厘米

清道光（1821—1850）

清同治（1862—1874）
高 28.6 厘米，口径 8.5 厘米，足径 11.2 厘米

清光绪（1875—1908）
高 29 厘米，口径 9 厘米，足径 11.5 厘米

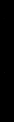

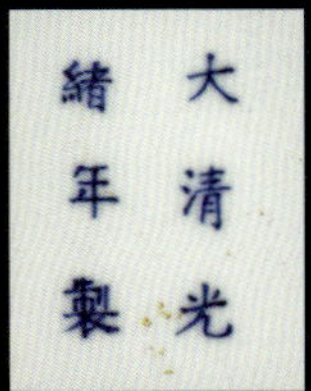

传办瓷器

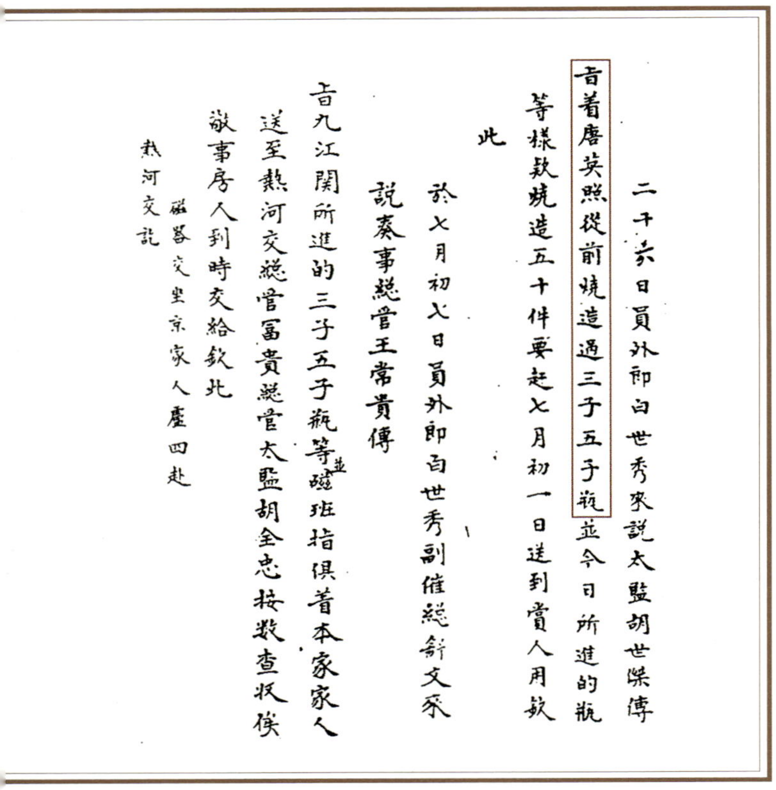
二十六日員外郎白世秀來說太監胡世傑傳
旨着唐英照從前燒造過三子五子瓶並今日所進的瓶
等樣款燒造五十件要趕七月初一日送到賞人用欽
此
於七月初八日員外郎白世秀副催總舒文來
說奏事總管王常貴傳
旨九江關所進的三子五子瓶等並磁班指俱着本家家人
送至熱河交總管冨貴總管太監胡全忠按數查收俟
敬事房人到時交給欽此
磁器交里京家人塵四赴
熱河交訖

乾隆二十年督陶官唐英奉旨烧造三子、五子瓶传办瓷器的档案记录

粉彩贴塑三子瓶

清乾隆（1736—1795）
故宫博物院藏
高 20.7 厘米，口径 5.5 厘米，足径 7.5 厘米

清宫档案记载，乾隆二十年（1755）四月二十六日，督陶官唐英奉旨烧造三子、五子瓶传办瓷器，用于皇帝赏赐。此瓶色彩素净淡雅，雕塑细腻生动，外壁塑三婴嬉戏，尤显新颖别致，颇具情趣。

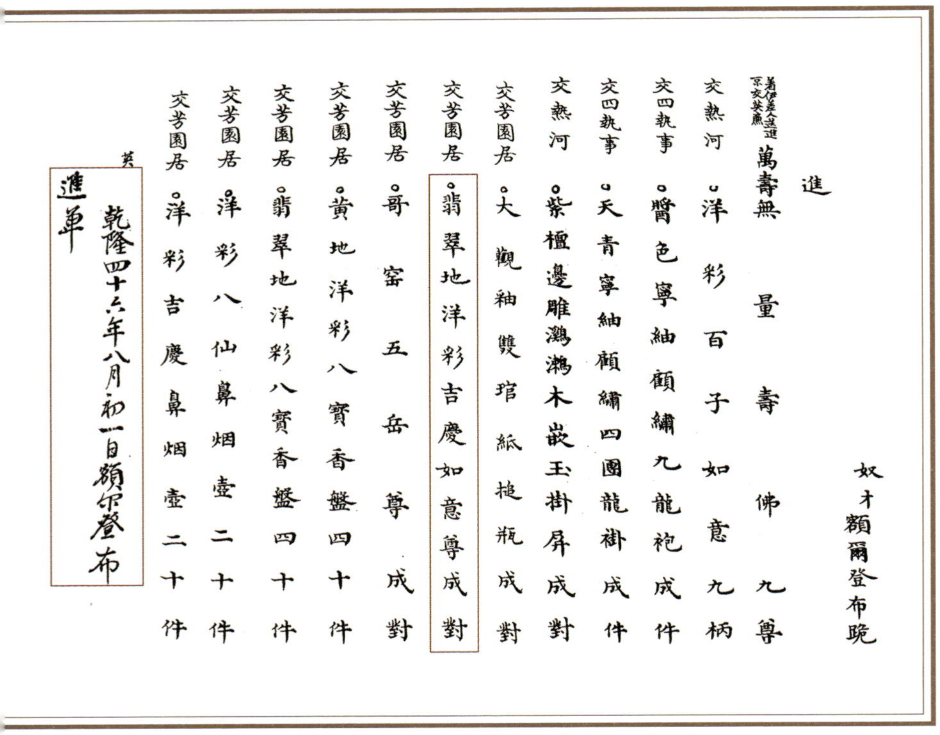

奴才額爾登布跪

進

萬壽無量壽佛九尊（著伊差人送進 京交英廉）

交熱河 洋彩百子如意九柄

交四執事 醬色寧紬顧繡九龍袍成件

交四執事 天青寧紬顧繡四團龍褂成件

交熱河 紫檀邊雕鸂鶒木嵌玉掛屏成對

交芳園居 大觀釉雙琯紙搥瓶成對

交芳園居 翡翠地洋彩吉慶如意尊成對

交芳園居 哥窑五岳尊成對

交芳園居 黃地洋彩八寶香盤四十件

交芳園居 翡翠地洋彩八寶香盤四十件

交芳園居 洋彩八仙鼻烟壺二十件

交芳園居 洋彩吉慶鼻烟壺二十件

英

乾隆四十六年八月初一日額爾登布

進單

乾隆四十六年九江关监督额尔登布进贡瓷器清单

绿地粉彩西番莲纹如意耳瓶

清乾隆（1736—1795）
故宫博物院藏
高 29.4 厘米，口径 8.9 厘米，足径 9.5 厘米

清宫档案记载，乾隆四十六年（1781）八月初一日，九江关监督额尔登布向皇帝进贡一批瓷器，其中包括“翡翠地洋彩吉庆如意尊”一对，此瓶正是其中之一。九江关地近景德镇，乾隆年间以九江关监督署理御窑陶务，多进贡新烧赏玩类瓷器。此瓶档案中所称“洋彩”，据雍乾时期督陶官唐英所撰《陶成纪事碑》及《陶冶图说》中记载，是雍正时期仿西洋珐琅画法创烧的新品种彩瓷。

依样烧造

明清御瓷专为宫廷所用，必须按照内府颁发的官样制作，不可随意发挥，样式有画样、瓷样、木样等，多出自宫廷珍藏或殿中名笔。景德镇御窑秉承内廷官样，潜心钻研，凝心聚力烧造瓷器。一件件至臻至美的皇家用瓷，彰显了御窑强大的创造力和生产力。

【文献】

洪武二十六年定，凡烧造供用器皿等物，须要定夺样制，计算人工物料。

——《大明会典》

凡上用瓷器，照内颁式样、数目，行江西饶州府烧造解送……凡坛、庙、陵寝需用祭器，照太常寺图式、颜色、数目，颁发江西烧造解部。

——《大清会典事例》

绿地粉彩勾莲纹带屉唾盂盒

清乾隆（1736—1795）
故宫博物院藏
通高 9 厘米，口径 14.7 厘米，底径 9 厘米

御瓷官样不但对纹饰有规定，而且对器物结构也进行了设计。此件唾盂盒由三部分组成，严格按照清宫画样烧造。其画样是目前所见存世最早的纸样。

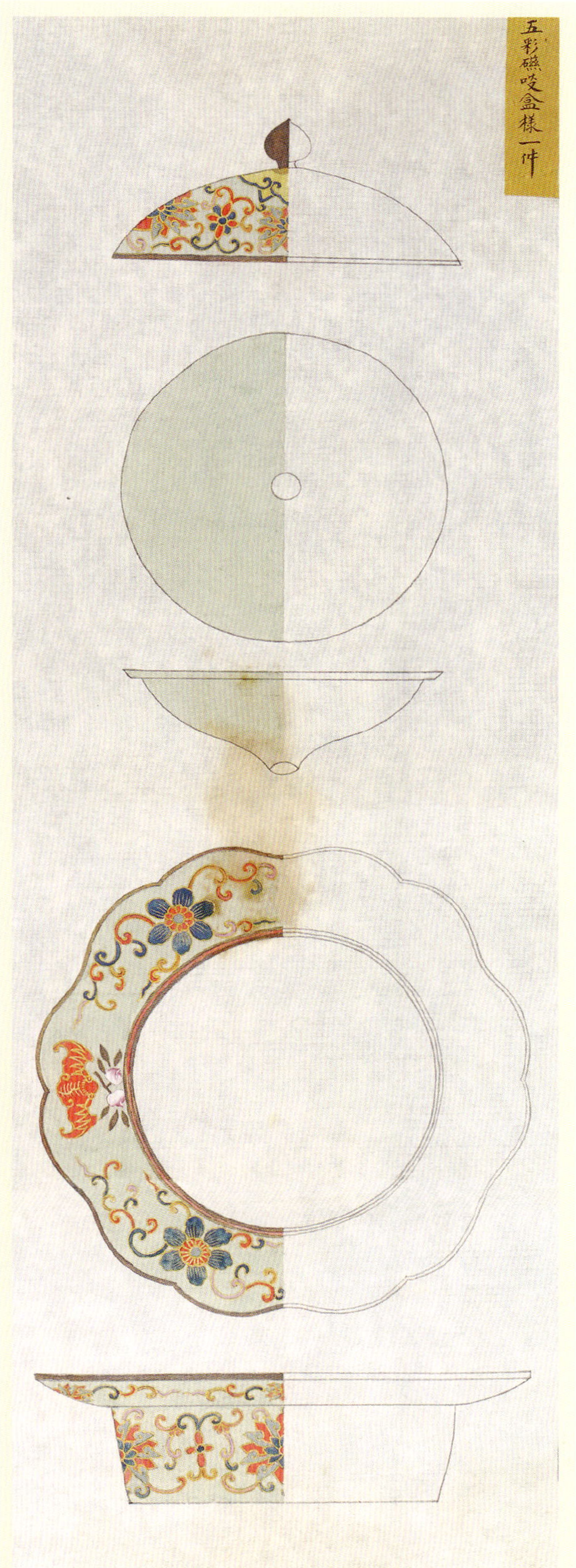

目前所见最早的画样——清乾隆五彩瓷唊盒图样

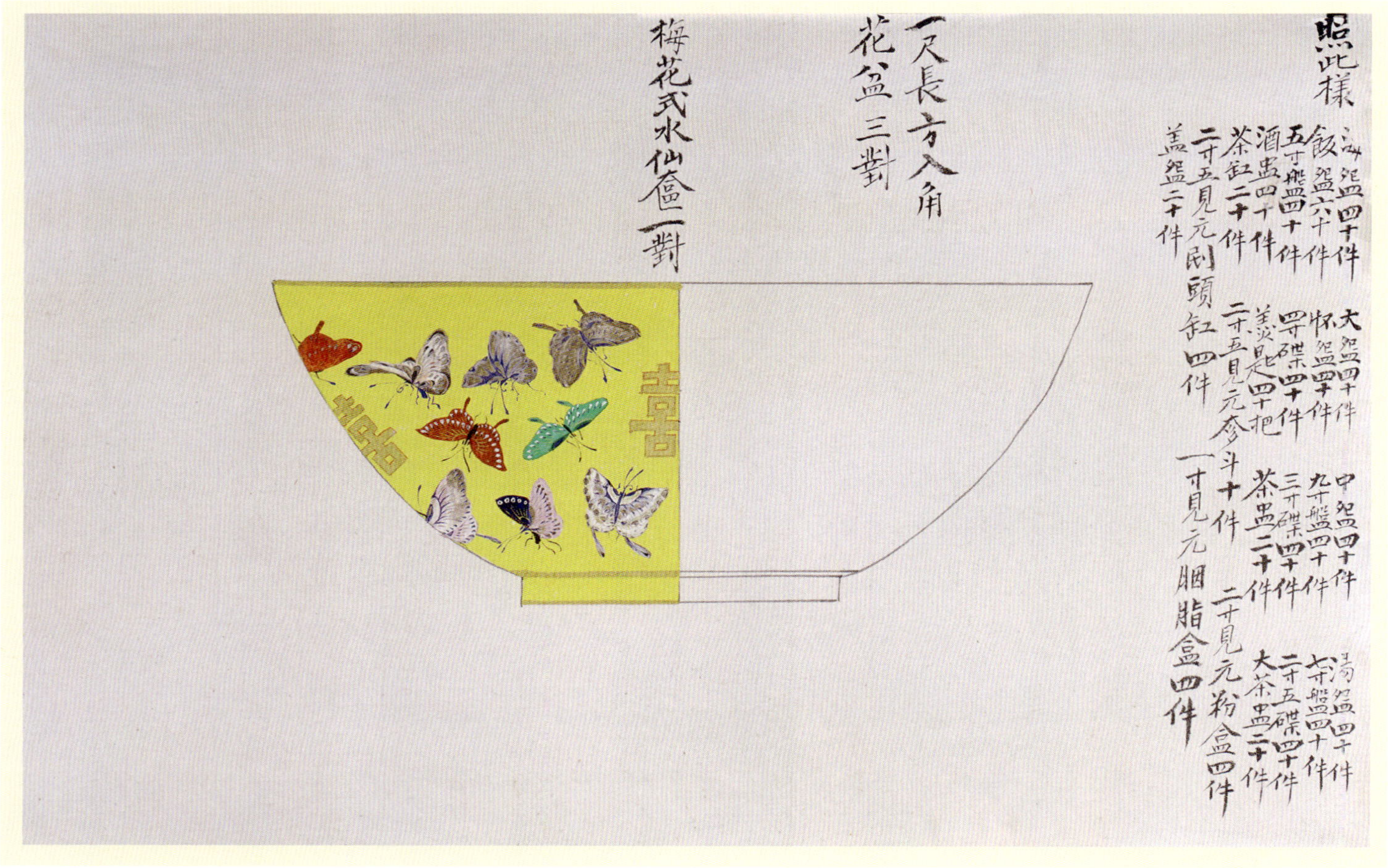

同治大婚瓷之黄地百蝶双喜海碗图样

清同治黄地粉彩蝴蝶纹“囍”字瓷器一组

清同治六年（1867），为筹备皇帝大婚，造办处下发活计图样至御窑，定烧大婚瓷器。御窑厂历时五年，最终完成一万余件瓷器烧造任务。同治大婚瓷采用色地粉彩装饰，多以明黄为地，图案纹饰寓意祥瑞，充满喜庆气氛。

黄地粉彩百蝶金双喜字盖碗

清同治（1862—1874）
故宫博物院藏
通高 8.5 厘米，口径 10.5 厘米，足径 4.2 厘米

黄地粉彩百蝶金双喜字碗

清同治（1862—1874）
故宫博物院藏
高 9.4 厘米，口径 20.6 厘米，足径 8.1 厘米

黄地粉彩百蝶金双喜字盘

清同治（1862—1874）
故宫博物院藏
高 5.8 厘米，口径 27.8 厘米，足径 17 厘米

大雅斋款荷花鹭鸶纹鱼缸图样

“大雅斋”是慈禧太后专用画室斋号。宫廷画师设计绘制了一系列以此斋名为题材的瓷器画样，御窑依样烧造，形成了独具特色的慈禧专用瓷器——大雅斋瓷。这批瓷器工笔细腻，色彩明艳，纹饰满密，雍容华贵，符合慈禧太后的审美喜好。

粉彩鹭鸶荷花纹盘

清光绪（1875—1908）
故宫博物院藏
高 5 厘米，口径 22 厘米，足径 13 厘米

粉彩鹭鸶荷花纹高足碗

清光绪（1875—1908）
故宫博物院藏
高 12 厘米，口径 19.8 厘米，足径 8.1 厘米

粉彩鹭鸶荷花纹渣斗

清光绪（1875—1908）
故宫博物院藏
高 9 厘米，口径 9.6 厘米，足径 5.6 厘米

第四单元　督造严格

明清御窑建立了一整套严明的管理制度，处处体现出皇家窑厂的独特与尊贵。明清两朝御窑管理制度总体上一脉相承，但又时有改革和创新，并在清代中期基本完善，成为御瓷顺利烧造和保持上乘品质的重要保障。

置官监造

明清两朝，监陶事务由前代的征缴税收为主转向全面管理，加强了朝廷对御瓷生产的直接控制。明代御窑烧造主要由地方官员和朝廷派遣的“中官”负责。清代沿袭明代地方官吏管理的同时，派遣工部或内务府官员专门负责，御窑生产由此进入“黄金时代”。以督陶官姓氏命名的“郎窑”“年窑”“唐窑”等瓷器，称冠一时，享誉后世。

【文献】

陶至今日，器则美备，工则良巧，色则精金，仿古法先，花样品式，咸月异岁不同矣。而御窑监造，尤为超越前古。

——（清）《景德镇陶录》

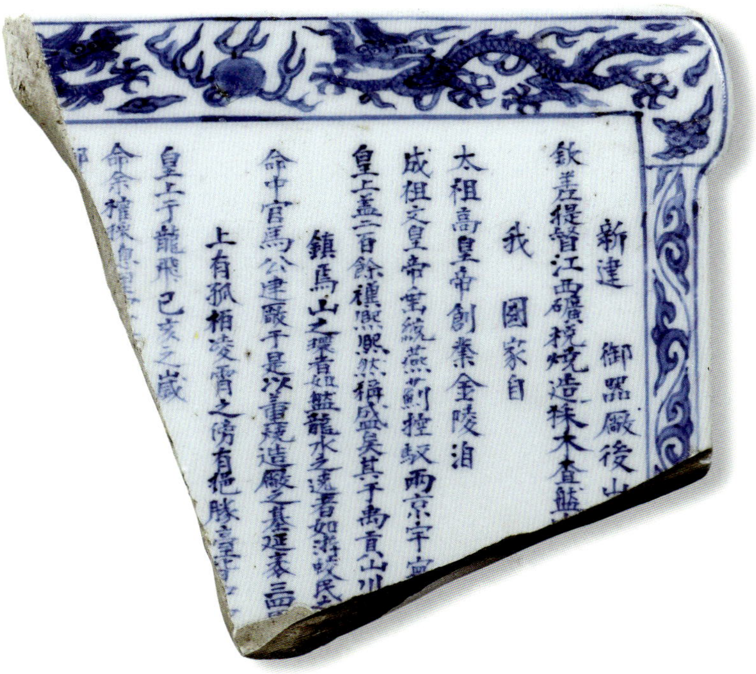

新建御器厂后山青花建筑铭碑（残）

明万历（1573—1619）
景德镇御窑博物院藏
残高 12.7 厘米，残宽 14 厘米，厚 1.6 厘米

明代御器厂以中官督陶，多见于典籍记述。此牌同时出现“御器厂”“中官”字样，是少有的实物例证，应是明万历时期御器厂后山新建某建筑的立牌。

【文献】

明以中官督造，后改巡道，督府佐司其事，清初因之。顺治中，巡抚郎廷佐所督造精美有名，世称『郎窑』。其后御窑兴工，每命工部或内务府司官往，专任其事。

——《清史稿》

郎窑红釉观音尊

清康熙（1662—1722）
故宫博物院藏
高 43 厘米，口径 10.5 厘米，足径 13.7 厘米

康熙晚期，江西巡抚郎廷极督烧御窑，以仿古瓷成就最高，与真无二。尤以仿明宣德鲜红釉瓷最具代表，称“郎窑红”，釉面具有“脱口垂足郎不流”的工艺特征。

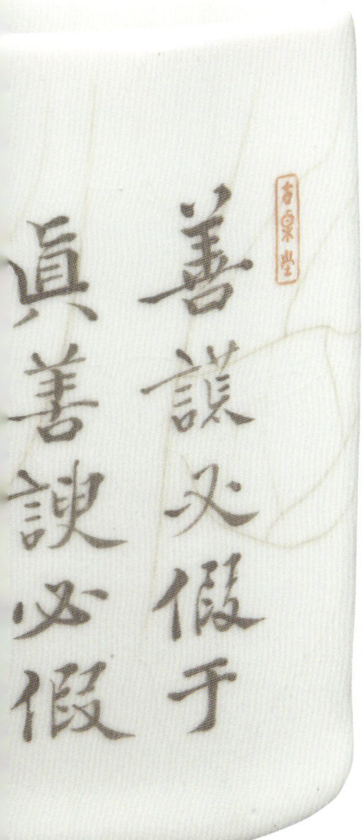

“陶成居士”款仿官釉墨彩笔筒

清乾隆（1736—1795）
故宫博物院藏
高 9.6 厘米，口径 7.6 厘米，底径 7.6 厘米

唐英，号蜗寄老人，又称陶成居士，清雍正、乾隆时期在景德镇御窑督陶二十九年，以陶人自居，不断精进制瓷工艺，主持设计制作了一系列仿古创新、巧夺天工的御用瓷器，使清代制瓷技术达到登峰造极之势。

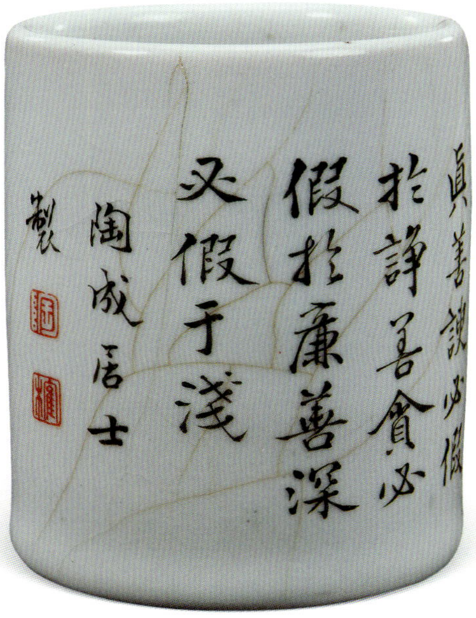

靈
祠
督陶使瀋陽
唐英題

青花『佑陶灵祠』匾

清雍正（1723—1735）

景德镇中国陶瓷博物馆藏

高43.5厘米，宽135厘米，厚6厘米

明万历年间，御窑窑工童宾以身殉窑，后世瓷工尊其为『风火仙师』，于御窑厂内设祠祭拜。清雍正时重修『风火仙庙』，督陶官唐英题『佑陶灵祠』青花瓷匾，嵌于门楣之上，体现了对窑工的尊重，对窑火的敬畏，对窑神的信仰。

陶成纪事碑（残）

清雍正十三年（1735）
景德镇御窑博物院藏
碑一：残高 67 厘米，残宽 59 厘米，厚 4 厘米
碑二：残高 58 厘米，残宽 54 厘米，厚 4 厘米
碑三：残高 79 厘米，宽 94 厘米，厚 6 厘米

碑一

碑二

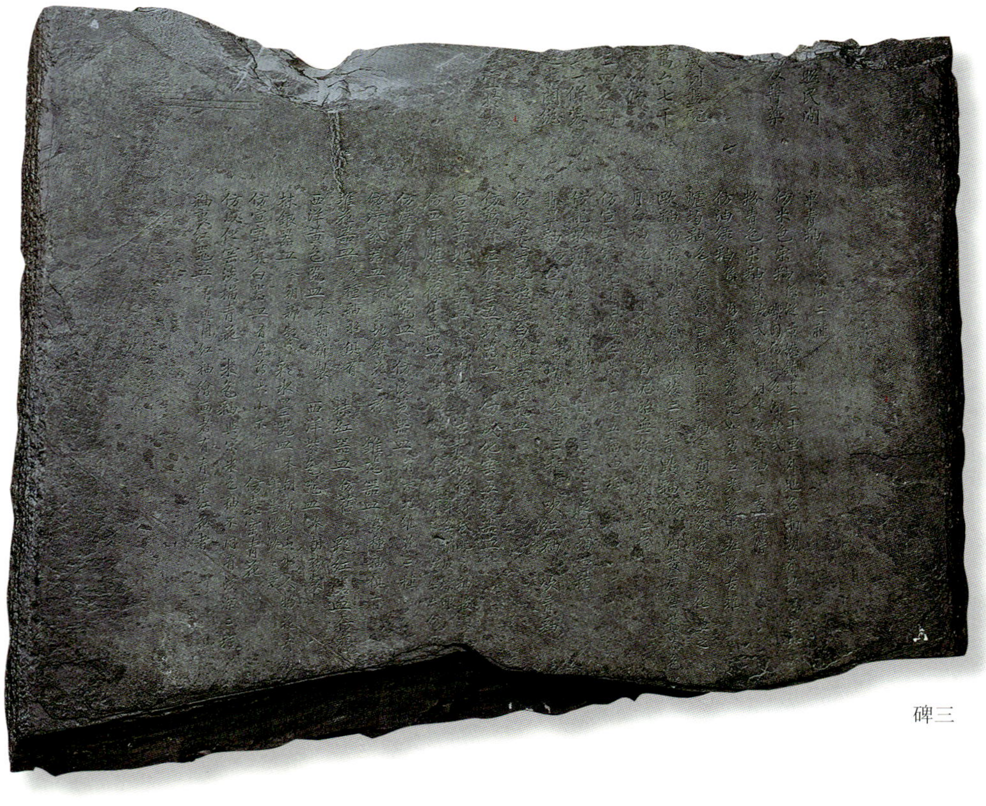

碑三

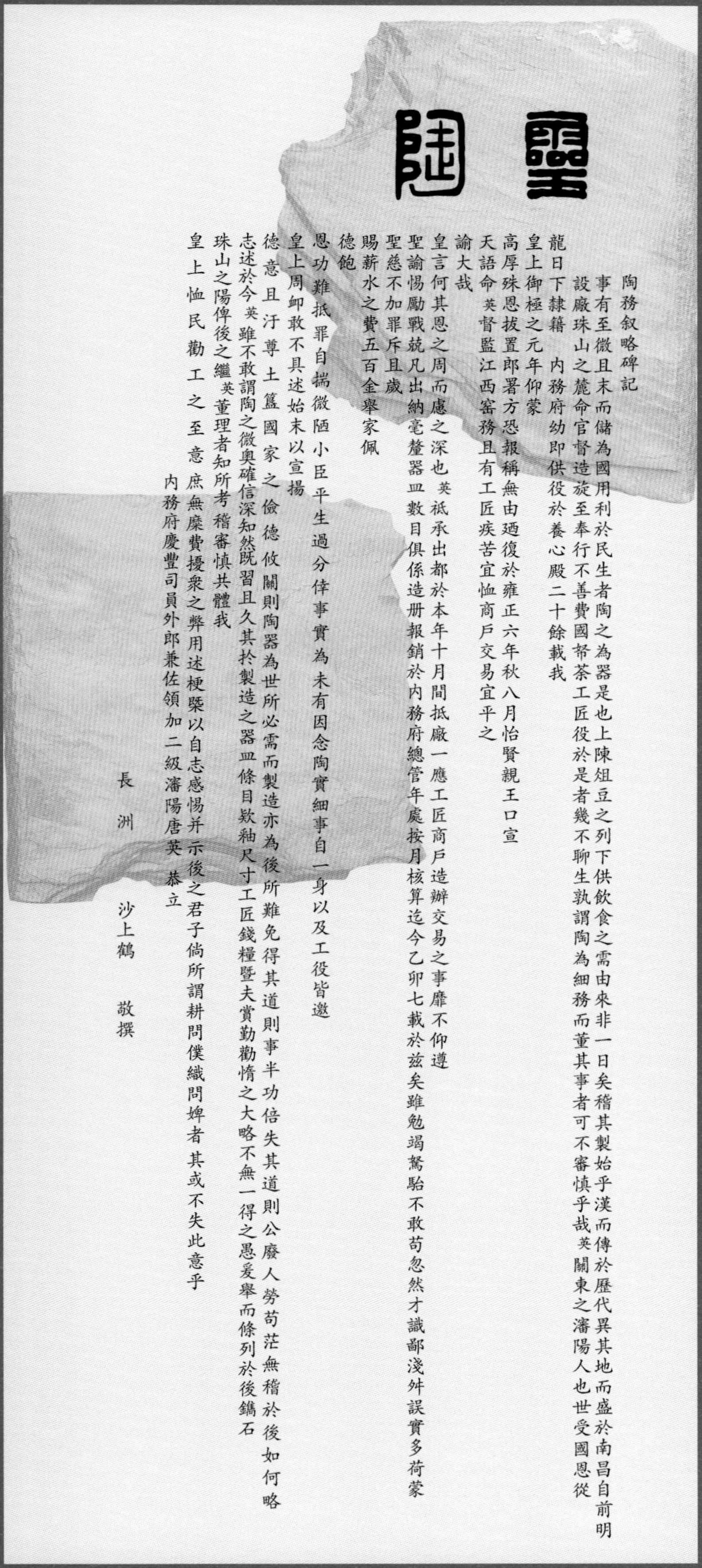

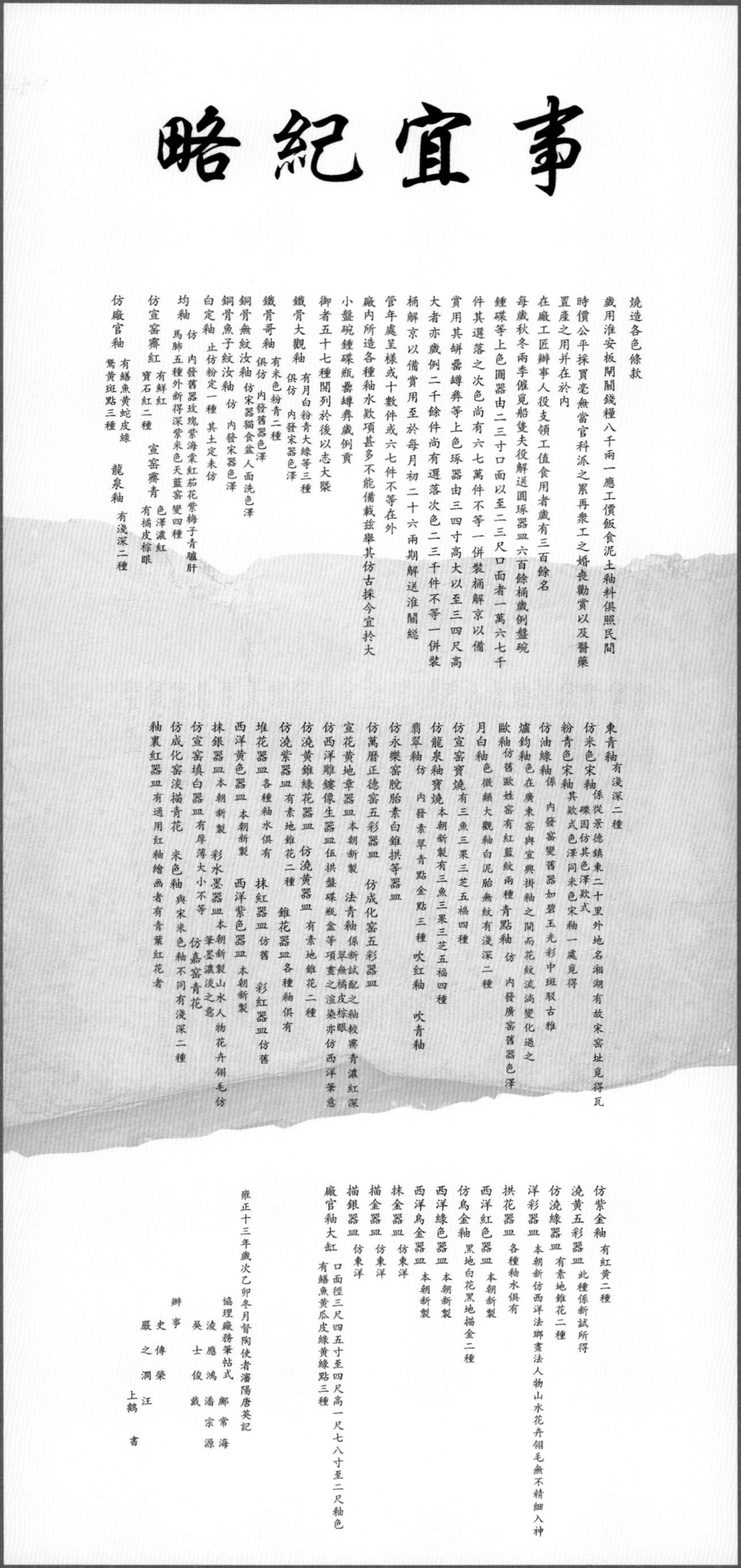

陶成纪事碑为督陶官唐英于雍正十三年（1735）撰写并竖立，是其八年窑务成就的集中体现，分为前碑《陶务叙略碑记》和后碑《事宜纪略》。前碑记述了唐英领命督陶御窑的经过，表达了其对御瓷生产的审慎和窑务管理的严谨。后碑集中展示了唐英在雍正年间督陶的贡献与成就，并详细列举了其中杰出的五十七种仿古创新而成的器类和釉色，这些成果为其之后不断勇攀瓷业高峰打下了坚实的基础。碑文还简要叙述了御窑生产情况，涉及烧造经费、人员规模、按例解运等重要信息。

碑为青石质，从其质地疏松的状态看，似有大火烧过的迹象。据文献记载，御窑厂在清咸丰年间曾被太平天国军队烧毁，很可能殃及此碑。残碑历经磨难，是唐英留下的宝贵遗物，对研究唐英本人及清代御窑生产制度有着不可替代的价值，也是清代御窑督陶的实物例证。

烧解奏销

御窑瓷器的至珍至精离不开大量的财力投入，也反映了明清统治者的关注与重视。御瓷烧造经费在明至清初主要动用地方财政，至雍乾时期转为关税盈余。经费支出主要用于瓷器烧造与解运，烧解完成后呈奏朝廷进行报销。

【文献】

陶有料价。先年系布政司公帑支给。嘉靖二十五年，烧造数倍十百加派，阖省随粮带征银一十二万两，专备烧造，节年支尽。嘉靖三十三年，又加派银二万两，亦烧造支尽。

——（明）《江西省大志》

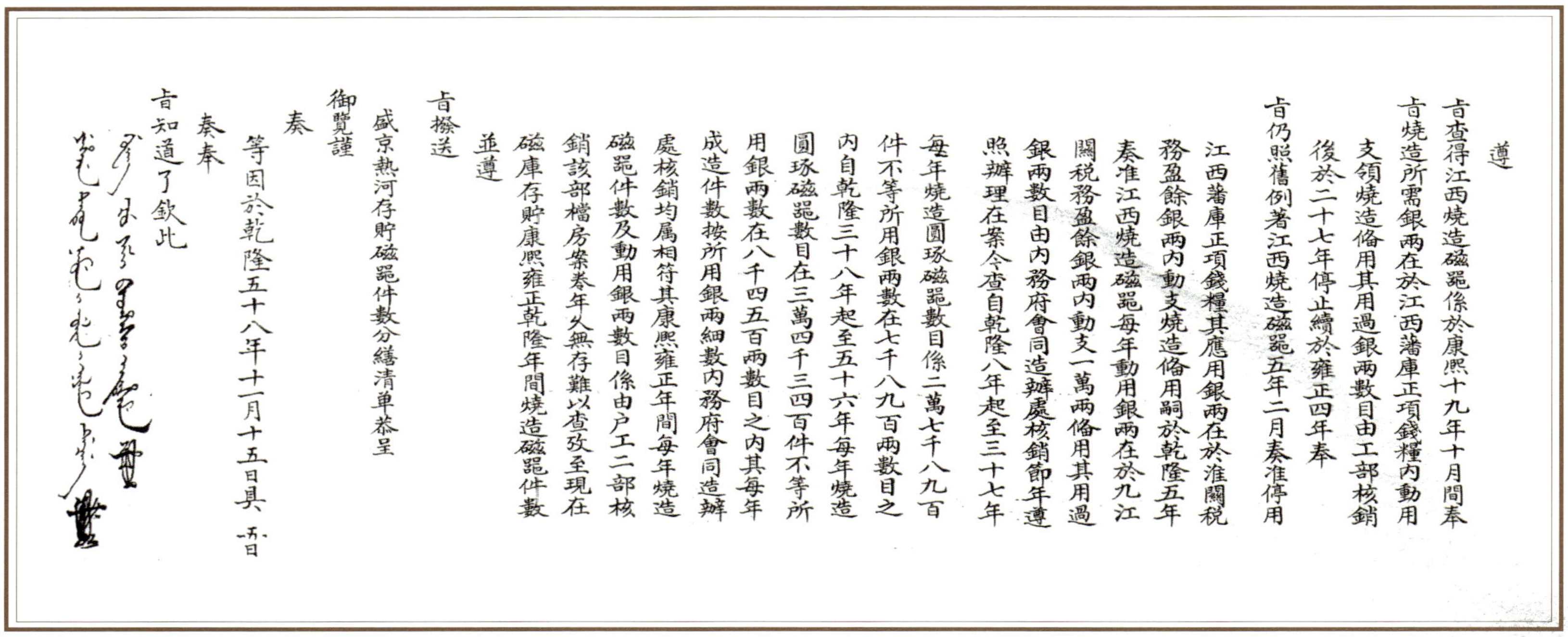
遵
旨查得江西燒造磁器係於康熙十九年十月間奉
旨燒造所需銀兩在於江西藩庫正項錢糧內動用
支領燒造備用其用過銀兩數目由工部核銷
後於二十七年停止續於雍正四年奉
旨仍照舊例著江西燒造磁器五年二月奏准停用
江西藩庫正項錢糧其應用銀兩在於淮關稅
務盈餘銀兩內動支燒造備用嗣於乾隆五年
奏准江西燒造磁器每年動用銀兩在於九江
關稅務盈餘銀兩內動支一萬兩備用其用過
銀兩數目由內務府會同造辦處核銷節年遵
照辦理在案今查自乾隆八年起至三十七年
每年燒造圓琢磁器數目係二萬七千八九百
件不等所用銀兩數在七千八九百兩數目之
內自乾隆三十八年起至五十六年每年燒造
圓琢磁器數目在三萬四千三四百件不等所
用銀兩數在八千四五百兩數目之內其每年
成造件數按所用銀兩細數內務府會同造辦
處核銷均屬相符其康熙雍正年間每年燒造
磁器件數及動用銀兩數目係由户工二部核
銷該部檔房案卷年久無存難以查攷至現在
磁庫存貯康熙雍正乾隆年間燒造磁器件數
並遵
旨撿送
盛京熱河存貯磁器件數分繕清單恭呈
御覽謹
奏
等因於乾隆五十八年十一月十五日具
奏奉
旨知道了欽此

乾隆五十八年内务府关于瓷器烧造的奏案

官搭民烧

明中后期，御器厂因瓷器烧造任务繁重、时间紧迫，遂将一部分御瓷烧窑任务搭与民窑，实行“官搭民烧”。清代御窑厂进一步实行改革，全面、长期地施行官搭民烧制。这一制度打破了“官民”壁垒，使原先被御窑垄断的优质资源和先进技术流向民间，民窑的优秀技法和艺术也被御窑所吸纳。“官民”良性互动促进了景德镇瓷业的全面发展和繁荣。

严格拣选

御瓷拣选标准极其严苛，除部分最终进入宫廷的瓷器外，其余均成为落选品。为防止御窑瓷器和制瓷技术流入民间，落选瓷器严格管控。明代早中期就地打碎、集中掩埋，明后期至清前期，多入库备用。清雍正七年后，始折价变卖，但作为皇家象征的黄釉器仍禁止出售。

2003 年景德镇御窑遗址考古发掘落选御瓷堆积现场

景德镇御窑遗址发现有大量落选御瓷堆积，明洪武至嘉靖朝的出土落选器重量达十数吨，有若干亿片，可见御瓷拣选标准之严苛、生产成本之高昂。

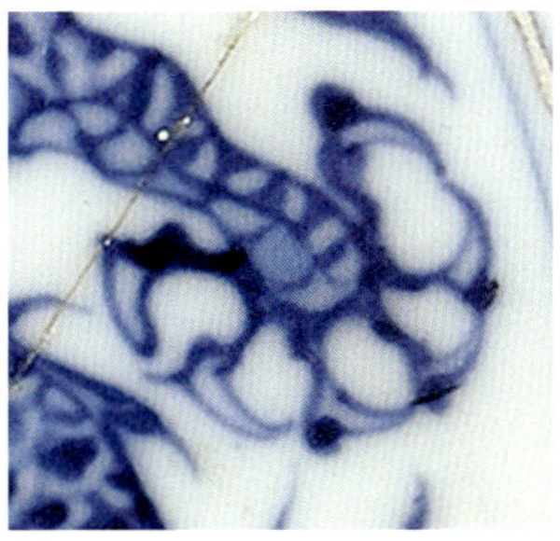

青花龙凤纹盘（残）

明成化（1465—1487）
景德镇御窑博物院藏
高 4.4 厘米，口径 23.8 厘米，足径 15.2 厘米

落选原因：此盘内底五爪龙错绘为六爪龙，外壁错绘为四爪龙。

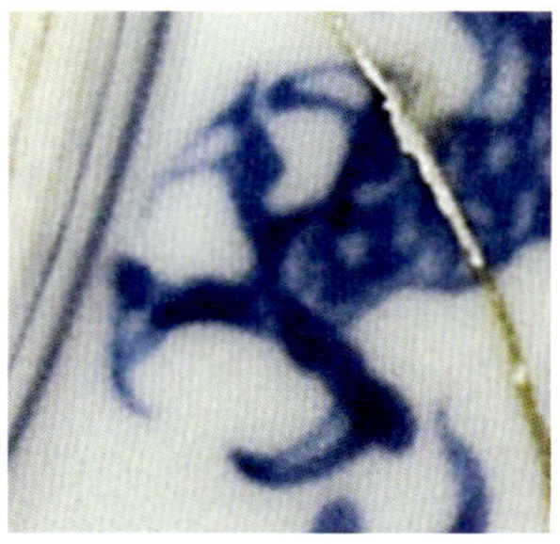

斗彩莲托八吉祥纹碗（残）

明成化（1465—1487）
景德镇御窑博物院藏
高 9 厘米，口径 16. 6 厘米，足径 6. 9 厘米

落选原因：此碗底款“成”字漏写一点。

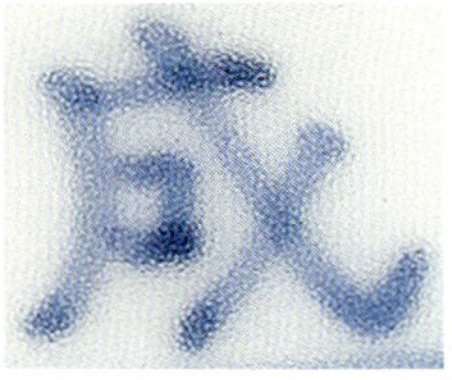

青花缠枝莲纹花浇（残）

明宣德（1426—1435）
景德镇御窑博物院藏
高 13.4 厘米，口径 7.4 厘米，底径 4.1 厘米

落选原因：青花发色灰暗。

青花梅树纹高足碗（残）

明弘治（1488—1505）
景德镇御窑博物院藏
高 11.4 厘米，足径 4.5 厘米

落选原因：器物烧制变形。

在珠山北麓御窑遗址宣德时期地层中，发现有24个永乐时期落选御窑瓷器坑，反映出永乐朝落选御瓷于宣德初年被集中打碎、掩埋。

鲜红釉盘（残）

明宣德（1426—1435）
景德镇御窑博物院藏
高 4.2 厘米，口径 19.9 厘米，足径 12.2 厘米

由于明早期的落选御瓷是集中打碎掩埋，因此在掩埋坑中出土的碎瓷片往往可以复原出基本完整的器物。

御窑遗址出土的正统青花云龙纹大缸残片，多达数吨，复原器形体之大，绝无仅有。残器断口普遍具有窑裂旧痕，印证了《明英宗实录》中关于『正统九年庚戌，江西饶州府造青龙白地花缸瑕璺不堪……敕内官赍样赴饶州更造之』的记载。

明正统青花云龙纹大缸瓷片出土现场

青花云龙纹大缸瓷片一组

明正统（1436—1449）
景德镇御窑博物院藏

修复后的明正统青花云龙纹大缸

景德镇御窑博物院藏

创新研发

御瓷作为明清时期“高精尖”科技成果，处处体现着御窑的研发能力和求索精神。除了将传统技术不断升级，更突破以往制瓷技艺的极限，创新求变，进而烧造出质量更高、工艺更精、品类更丰富的瓷器。

素三彩鸭形香熏（残）

明成化（1465—1487）
景德镇御窑博物院藏
通高 25 厘米，口径 14.3×9.1 厘米，底径 8.6×8.4 厘米

明清御窑时常面临高标准挑战，一部分设计极其精巧、工艺极为复杂、烧成难度极高的器物在历经多次试验后，仍有瑕疵，最终落选，未能传世。此件素三彩鸭熏即为其代表。

【文献】

该监督饬将鹤鹿两项照样试烧白坯，讵连烧数对斜曲折，眉目不分，盖由身重脚高，头又长细，上下轻重不匀，一经窑火烧炼，遂致倾侧团缩。复饬将头足与身段折烧而接合，又不能泯无痕迹……因兵燹之后，从前名匠类皆流亡，现在工匠俱后学新手，造作法度诸多失传，今令造此十余年未办之件，俱形束手……惟有详请奏恳，暂俟来年二月春融开工，招集名手工匠，博采制造成法，督饬敬谨设法烧造。

——同治十三年江西巡抚刘坤一上奏

清同治十三年传交九江烧造梅鹿纸样

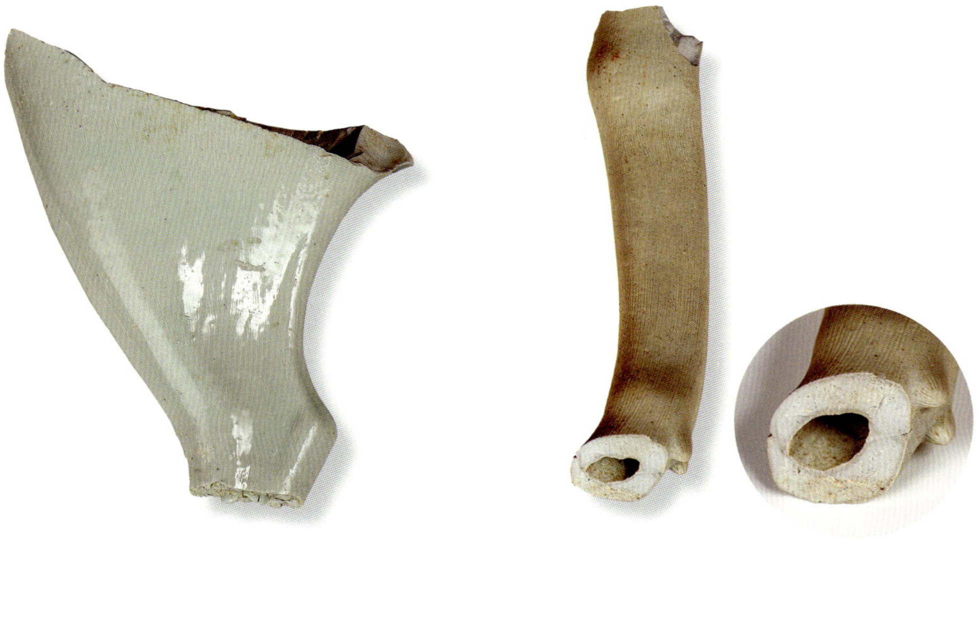

瓷梅花鹿腿（残）

清（1616—1911）
1983—1985 年景德镇龙珠阁遗址发掘出土
江西省文物考古研究院藏
大腿残高 19.5 厘米，最宽 17.5 厘米，小腿残高 17.8 厘米

清同治、光绪年间，宫廷下发图样，命御窑厂烧制瓷仙鹤、瓷梅花鹿。鹤鹿造型上重下轻，烧造难度过大，御窑多次尝试均失败，最终“奏请免烧”。

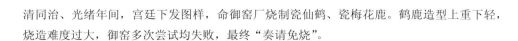

瓷套钵

明（1368—1644）
景德镇御窑博物院藏
通高 5.5 厘米，口径 21.2 厘米
垫饼：直径 13.6 厘米，厚 1.5 厘米

为烧造更高品质的瓷器，御窑不计成本，采用质地细密、耐火性能高、密封性好的成套瓷质匣钵。使用时，器物置于底部铺满细砂的垫饼之上，密封后再整体放入深腹桶形匣钵内烧造。

试照一　　试照二

试照

清（1616—1911）
景德镇御窑博物院藏
试照一：高 6.7 厘米，底 4.1×3.3 厘米
试照二：高 5.5 厘米，底 3.9×2.9 厘米

釉料试照根据试照大小，正反两面各施两至三笔不同配方的釉料，并于底部刻划中国传统的苏州码子记录对应配方。通过试验在同一烧造环境下，每一笔釉色的呈色区别，优中选优，探索最佳的釉彩配比、烧造火候等，为御瓷的千变万化提供了坚实的技术积累。

铜红料花卉纹试料碗（残）

明永乐（1403—1424）
景德镇御窑博物院藏
高 6.4 厘米，口径 12.9 厘米，足径 5.1 厘米

此碗内外壁均有铜红料绘制的花卉纹，但发色灰暗，均不理想，应为瓷工试验釉里红技术的例证。

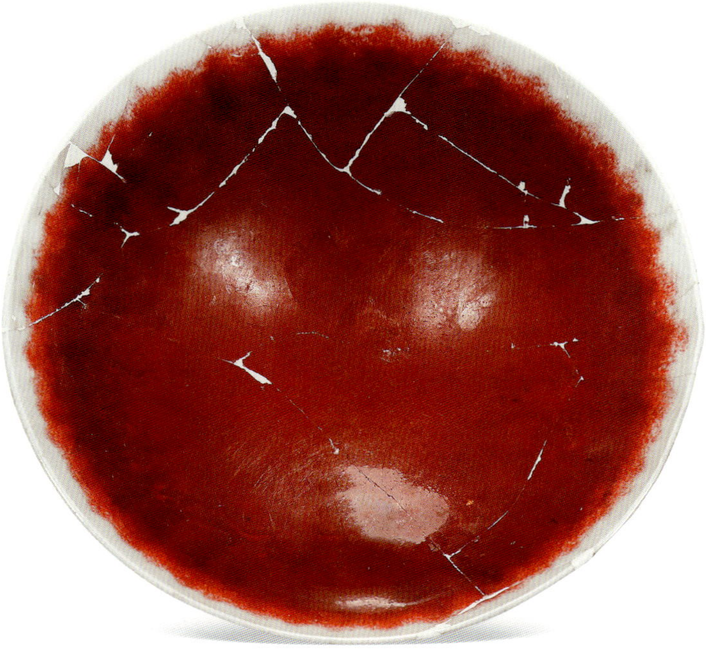

内红釉外釉里红点彩碗（残）

明永乐（1403—1424）
景德镇御窑博物院藏
高 6.5 厘米，口径 19.6 厘米，足径 7.9 厘米

此碗内施红釉，外壁以铜红料点彩，是御窑工匠试验铜红料的重要实物资料。铜红料器物需高温烧制，难度极大，废品率很高，需经多次反复试验，方能烧出纯正的红色。

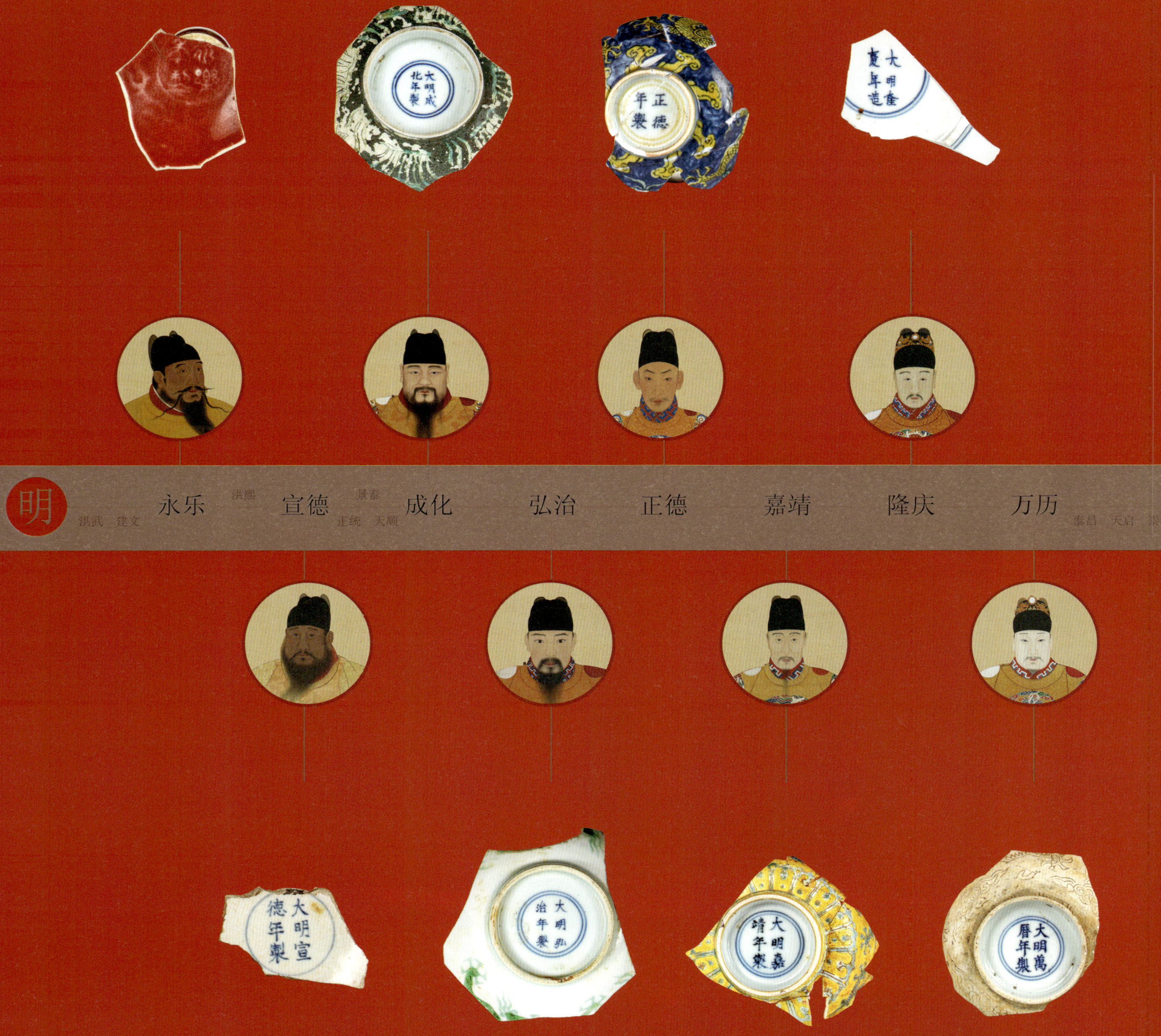
明
洪武 建文
永乐
洪熙
宣德
正统 景泰 天顺
成化
弘治
正德
嘉靖
隆庆
万历
泰昌 天启 崇祯

清
顺治
康熙
雍正
乾隆
嘉庆
道光
咸丰
同治
光绪
宣统

第二部分

博采众长

Part Two

Drawing the Best from the Masses

景德镇制瓷业历史悠久，在传承中发展的优良传统古已有之。明清时期，御窑聚历代名窑制瓷智慧，同时“跨界破圈”，在陶瓷以外的领域广泛汲取灵感，集各工艺之所长，汇传统文化之精粹，呈现出浓郁的东方审美品格和文化气韵。

The porcelain industry in Jingdezhen boasts a long history and its development through inheritance is a long-standing and excellent tradition. During the Ming and Qing Dynasties, the Imperial Kiln gathered the wisdom of famous kilns throughout history and at the same time, “broke through boundaries” to extensively draw inspiration from fields beyond ceramics. It collected the strengths of various crafts and gathered the essence of traditional culture, presenting a strong Eastern aesthetic feature and cultural charm.

景德镇御窑无论是仿宋代的官、汝、哥、定、钧等名窑，还是仿明初的龙泉窑名瓷，都力求做到形神兼备，且有“青出于蓝而胜于蓝”之势。其博古采今，不断创新，仿烧各类名釉瓷器成为御窑制瓷的一大特色。

仿汝釉扁腹直颈瓶

清雍正（1723—1735）
故宫博物院藏
高 21 厘米，口径 5.4 厘米，足径 9.8 厘米

汝窑天青釉色含蓄莹润，是文人清雅审美的集中体现，自宋以来颇受皇室喜爱。御窑仿汝自明始，清雍乾时大量仿制，但“仿汝不似汝”，仿釉少仿形。

仿龙泉釉锥拱缠枝莲纹碗

明永乐（1403—1424）
故宫博物院藏
高 6.5 厘米，口径 15.4 厘米，足径 5 厘米

龙泉瓷胜似美玉，以梅子青和粉青最负盛名。明初龙泉曾和景德镇共同承烧御瓷。景德镇自御窑建立之初，学其神髓，仿烧出高质量的龙泉釉色。

仿哥釉鸡心碗

明宣德（1426—1435）
故宫博物院藏
高 10.6 厘米，口径 20.7 厘米，足径 7.6 厘米

宋哥窑满布全器的开片如“金丝铁线”，是窑工巧用缺陷特意而为，别具一格。御窑仿哥窑器始自明永乐，多为日常实用器。

仿钧玫瑰紫釉鼓钉三足花盆托

故宫博物院藏
清雍正（1723—1735）
高 6.5 厘米，口径 16.5 厘米，足距 6.5 厘米

钧窑以千变万化的窑变釉色为特点，“入窑一色，出窑万彩”，其中以玫瑰紫釉最为经典。此器为清代仿烧宋代钧窑的同类器物，为督陶官唐英所烧，作花盆底托之用，与宋器相差无几。为了仿烧出更接近的钧瓷，唐英曾派人于雍正七年三月亲赴钧州调查钧窑釉料配制方法，最终成功仿烧钧窑制品。

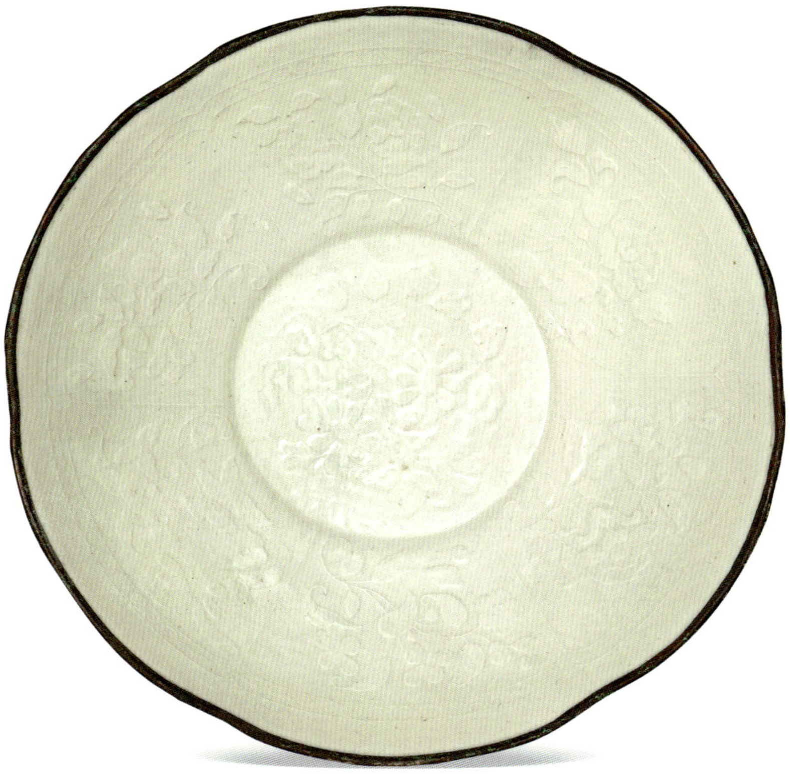

仿定白釉印花葵口盘

清雍正（1723—1735）
故宫博物院藏
高 4.3 厘米，口径 19.5 厘米，足径 6.8 厘米

定窑广泛运用覆烧技法，所产芒口瓷常以金银铜为扣，加之印花装饰，风靡宋朝。景德镇历代均有仿定，御窑以清雍正时期仿定水平最高。

仿官釉琮式瓶

清乾隆（1736—1795）
故宫博物院藏
高 23.5 厘米，口径 8.3 厘米，足径 9 厘米

宋官窑瓷如冰似玉，宛若天成，历代均有仿制。御窑仿宋官瓷始于明成化，清雍乾时以仿大纹片和紫口铁足为特色，尤以琮式瓶为代表。

第二单元　聚工一陶

庄重肃穆的青铜器、古朴雅致的漆器、流光溢彩的金银器、纹理分明的玉石器……中国传统手工艺品繁复多样，各具特色。景德镇御窑打破工艺之间的界限，吸收西洋像生艺术理念，创烧出不同材质的逼真之作，惊艳后世。它们似不锈之铜、不朽之木、不腐之漆，是不败之器。

仿古铜釉出戟花觚

清乾隆（1736—1795）
故宫博物院藏
高 28 厘米，口径 21 厘米，足径 14.5 厘米

《匋雅》载："古铜彩独推乾隆朝，花纹皆凸雕，或以金写之。"乾隆朝仿铜瓷力求效果逼真，此件器物不仅仿了青铜器的器型与纹饰，还模仿了其锈蚀的铜绿斑，与真青铜器难分真假。

仿古铜彩双耳炉

清乾隆（1736—1795）
故宫博物院藏
高5厘米，口径9厘米，足径7.3厘米

此件仿古铜香炉，将铜器本色进行了高度还原，并采用描金技法模仿错金银装饰工艺，其质感与铜器无二。

清乾隆时期的瓷器仿漆器堪称一绝，此盖盒集仿髹漆、描金与竹编工艺于一器，搭配合理，色彩鲜艳，几可乱真。

仿雕漆釉碗

清乾隆（1736—1795）

故宫博物院藏

高 4.5 厘米，口径 13.1 厘米，足径 8.2 厘米

御窑仿雕漆瓷力求质感逼真，精致绝伦。此碗内壁满饰金彩，外壁为仿雕漆的繁密纹饰，形神兼备，与剔红器难分轩轾。

仿木纹釉碗

清乾隆（1736—1795）
故宫博物院藏
高 3.3 厘米，口径 15 厘米，足径 9.2 厘米

仿木纹釉盛行于清乾隆时期，制作精细，纹理清晰，或见树心年轮纹样，或显瘿痕，质感逼真，惟妙惟肖。

仿朱漆釉描金盖盒

清乾隆（1736—1795）
故宫博物院藏
通高 8.5 厘米，口径 12 厘米，足径 8.2 厘米

清乾隆时期，朱琰《陶说》记载：“戗金、镂银、琢石、髹漆、螺甸、竹木、匏蠡诸作，无不以陶为之，仿效而肖。近代一技之工，如陆子刚治玉、吕爱山治金、朱碧山治银……今皆聚于陶之一工。”

金地粉彩法轮

清乾隆（1736—1795）
沈阳故宫博物院藏
高 27.5 厘米，宽 16.6 厘米，足径 10.9 厘米

金器以精致细腻的錾刻技术著称。御窑为仿其神髓，于瓷胎之上精细刻画，满施金釉，辅以仿宝石色的粉彩，画龙点睛，极尽华丽富贵。

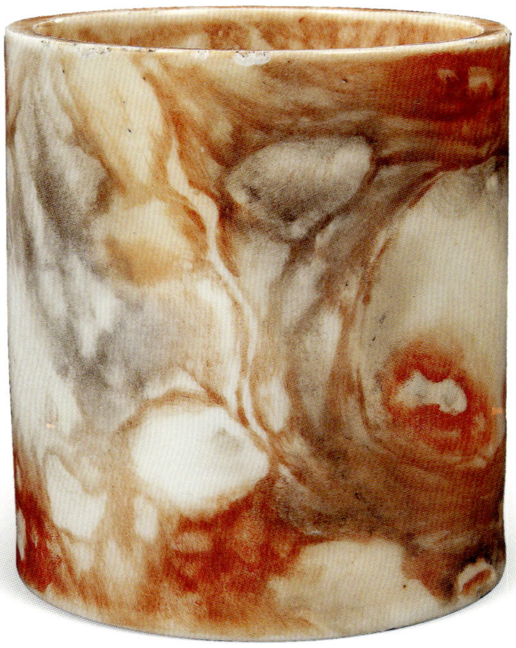

大理石釉笔筒

清乾隆（1736—1795）
故宫博物院藏
高 9.7 厘米，口径 8.2 厘米，足径 8.1 厘米

仿石纹釉瓷以彩釉勾绘出石质纹理，二次入窑烧成。此器仿玉似石，质感逼真，颇具自然妙趣。

第三单元　气蕴东方

中国传统文化内涵丰富，意蕴深厚，包罗万象。明清时期，御瓷作为文化的载体，于文人雅士之间，于花草鱼虫之间，于吉庆祥瑞之间，于佛道仙缘之间，所呈现的主题装饰不仅直观反映出统治者的喜好，更彰显着中华优秀传统文化的永恒魅力。

青花庭院仕女图碗

明宣德（1426—1435）
故宫博物院藏
高 7 厘米，口径 19.4 厘米，足径 7.8 厘米

自宣德起，御窑开始流行人物纹，题材多为文人诗意图或人物故事图，以庭院仕女为主。此碗所绘仕女于庭院中闲适交谈，身侧“鸣凤在竹”尤显诗意，画面构图、纹饰题材皆来源于传统宫廷仕女图，是绘画入瓷的典型。

大明宣
德年製

黄地粉彩嘉庆御制诗茶壶

清嘉庆（1796—1820）
故宫博物院藏
通高 15.5 厘米，口径 6.2 厘米，足径 6.2 厘米

自雍正起，御瓷装饰流行诗、书、画、印集于一器。此壶腹部开光及托盘内用红彩书写嘉庆御制诗《煮茗》，生动描绘了嘉庆皇帝用南国岁贡普洱茶煮水品茗的愉快心情。

绿地粉彩嘉庆御制诗海棠式茶盘

清嘉庆（1796—1820）
故宫博物院藏
高 2.1 厘米，口径 15.5×11.7 厘米，足径 13.9×10 厘米

粉彩百鹿图尊

清光绪（1875—1908）
故宫博物院藏
高 44 厘米，口径 15.5 厘米，足径 24 厘米

百鹿图尊因绘制鹿群嬉戏于山林而得名，是乾隆时期的典型器，光绪沿用。鹿与“禄”谐音，是祥瑞的象征。此尊器型规整，造型稳重，鹿群动静兼具，笔墨传神。

粉彩灵山福海图碗

清雍正（1723—1735）
故宫博物院藏
高 6.5 厘米，口径 13.3 厘米，足径 5.2 厘米

御窑熟练运用寓意、谐音等元素，融汇组合成各种虚实相间的画面。此碗腹部绘灵芝、山石、蝙蝠，寓意“灵山福海”，表达了对美好生活的祝愿。

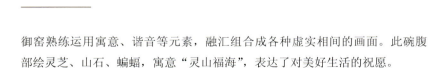

五彩鱼藻图盘

清康熙（1662—1722）
故宫博物院藏
高 4.2 厘米，口径 20 厘米，足径 13 厘米

吉祥图案是中国纹样装饰的主流，明清御瓷“图必有意，意必吉祥”。此盘内外满绘莲池鱼藻纹，“鱼”“余”同音，代表“富贵有余”“年年有余”。

仿宣德款青花百“寿”字盘口瓶

清康熙（1662—1722）
故宫博物院藏
高 42 厘米，口径 14 厘米，足径 14.3 厘米

“五福寿为先”，长寿一直是人们的美好愿望。康熙皇帝高寿，御窑祝寿题材应时盛行。此瓶通体满饰青花篆体百“寿”，每个“寿”字字形不一，安排缜密，古朴雅致，是祝寿瓷的代表。

青花坐鹿寿星

明嘉靖（1522—1566）
故宫博物院藏
高 34 厘米，底径 11×18 厘米

道教是中国本土宗教，历来颇受推崇，尤以嘉靖皇帝为甚，其时烧造大量道教题材御瓷。此寿星以卦象饰衣，手持灵芝，轻抚仙鹿，体现了“以器载道”，追求昌盛延寿的愿望。

粉彩无量寿佛

清乾隆（1736—1795）
故宫博物院藏
通高 29.3 厘米，底径 21.2 厘米

佛教自东汉传入中国，成为中国传统文化的重要组成部分。此无量寿佛为菩萨装，代表报身形象。清宫藏传佛教盛行，每遇帝后万寿节，多用九尊瓷无量寿佛一组或多组为寿礼。

第三部分

惟精惟一

Part Three

The Relentless Pursuit of Perfection

近六百年的御窑史，是一部不断开拓、不断创新、不断超越，实现自我突破的历史。御窑瓷器无所不工、无所不精、无所不能，技艺品类推陈出新，经典佳器层出不穷。

御窑持续几百年不间断的工艺创新，犹如永不枯竭的活泉，永葆新鲜活力，成为世界陶瓷史上长盛不衰的传奇。

Nearly six hundred years of the Imperial Kiln is a history of continuous development, innovation, transcendence, and self-breakthrough. The porcelain of the Imperial Kiln is meticulously crafted, refined, and capable in every aspect, resulting in the endless emergence of classic and excellent ceramic pieces.

For hundreds of years, the continuous technological innovation of the Imperial Kiln is like an inexhaustible living spring, keeping fresh vitality forever, and has become an enduring legend in the history of world ceramics.

粉彩开光乾隆御制诗花卉纹蝠耳瓶

清乾隆（1736—1795）

故宫博物院藏

高 36.5 厘米，口径 11.1 厘米，足径 11.7 厘米

诗书画印，入瓷入神入国魂；惟精惟一，赏文赏景赏雅瓷。此瓶在腹部以楷、行、隶、篆四体各书写乾隆御制诗一首，与康雍名臣蒋廷锡所作牡丹、莲花、芙蓉、梅花四季花卉图相配，钤『惟精惟一』『乾隆宸翰』印，体现了皇帝对御瓷的钟爱，尤显精致典雅的宫廷风范。

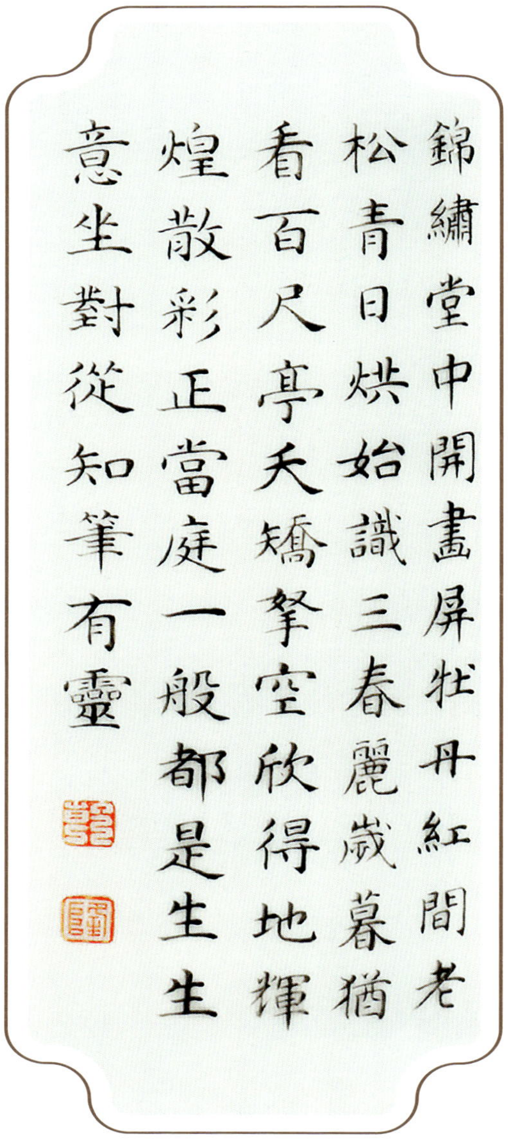
錦繡堂中開畫屏牡丹紅間老
松青日烘始識三春麗歲暮猶
看百尺亭夭矯拏空欣得地輝
煌散彩正當庭一般都是生生
意坐對從知筆有靈

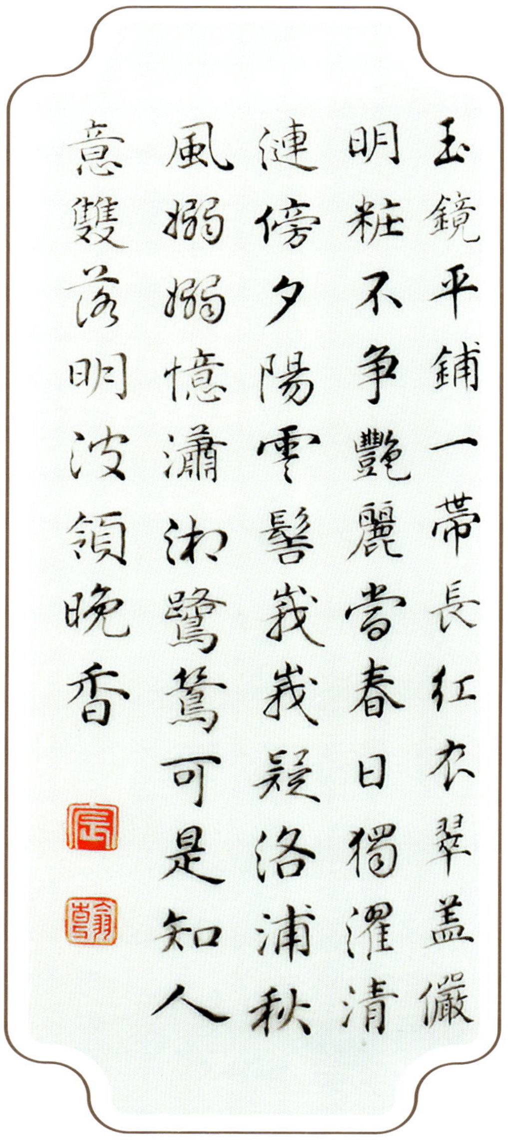
玉鏡平鋪一帶長紅衣翠蓋儼
明粧不爭艷麗當春日獨濯清
漣傍夕陽雲髻峩峩疑洛浦秋
風獨獨憶瀟湘鷺鷥可是知人
意雙落明汝領晚香

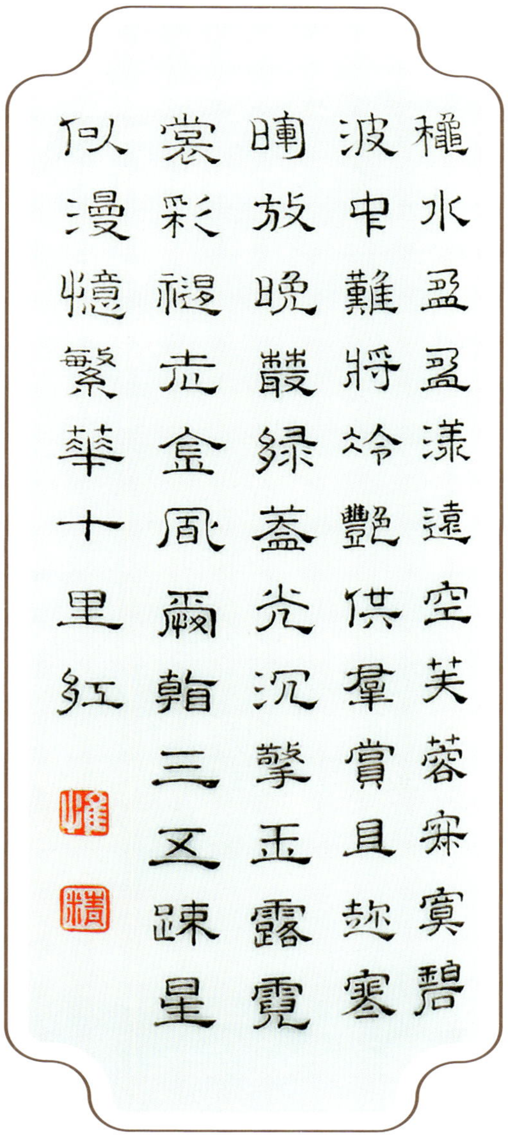
櫂水盈盈漾遠空芙蓉寂寞碧
波中難將冷艷供羣賞且趁寒
晡放晚叢綠蓋光沉擎玉露霓
裳彩褪去金風爾鞘三叉疎星
似漫憶繁華十里紅
惟
精

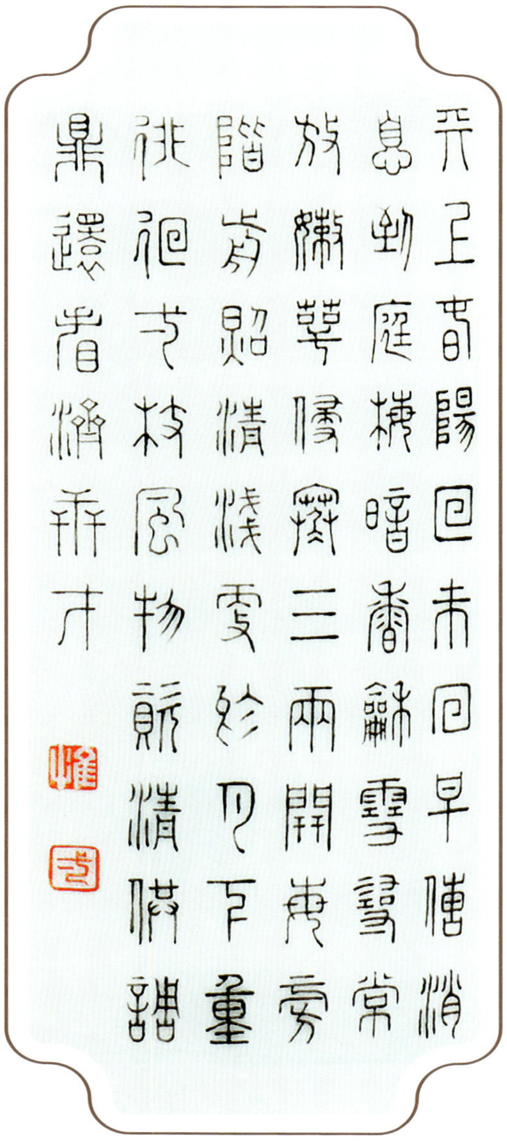

第三部分　惟精惟一

第一单元 炉火纯青

湛蓝的青花，描摹于白瓷之上。蓝白之间，笔触所及，尽显中国传统美学之精华，开辟了釉下彩绘瓷器的新天地。在以青花为代表的彩瓷时代里，釉里红瓷、青花釉里红瓷、釉里三色瓷等各种釉下彩瓷在明清几百年中持续创新发展，成为景德镇彩瓷的中流砥柱。

青花桃竹纹梅瓶

明永乐（1403—1424）
故宫博物院藏
高 36 厘米，口径 6.7 厘米，足径 13.9 厘米

永乐青花瓷代表作。以青料绘制折枝桃竹纹，疏朗秀丽，色青浓翠，与端庄秀美的梅瓶器形组合，意趣生动，宛若中国传统水墨画，体现了浓郁的中式审美。御窑以笔墨浸染，将青花瓷在文化维度上脱胎换骨，由技艺晋升为艺术。

青花阿拉伯图案绶带耳扁瓶

明永乐（1403—1424）
故宫博物院藏
高 25.5 厘米，口径 3.3 厘米，足径 6.1×4.4 厘米

采用进口苏麻离青料，将充满异域风情的轮花纹绘制于仿西亚风格的扁瓶上，尤显青花如蓝宝石般色泽鲜艳。作为融汇中外的成功范例，青花扁瓶经典传承，延烧后世，成为明清御窑的传统器。

青花灵芝纹石榴尊

明宣德（1426—1435）
故宫博物院藏
高 19 厘米，口径 6.9 厘米，足径 9.7 厘米

宣德瓷器“诸料悉精，青花最贵”。其青料除进口苏麻离青外，还有色泽幽雅的国产青料，或是将两种料调和后的青料。这件石榴尊是采用改良青料的典型代表，清新明快，造型古朴，属宣德新创器形。

青花折枝花果纹葵口斗笠碗

明宣德（1426—1435）
景德镇中国陶瓷博物馆藏
高 7.8 厘米，口径 22.5 厘米，足径 7.64 厘米

宣德青花碗式样繁多，有墩式碗、鸡心碗等 20 余种。此件斗笠碗造型简洁挺拔，配以折枝花卉果实，构图新颖，清新明朗，具有很强的艺术感染力。

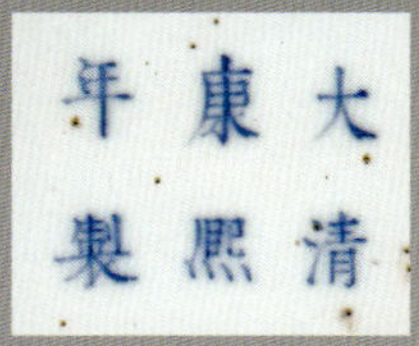

青花夔凤纹双陆尊

清康熙（1662—1722）
故宫博物院藏
高 18 厘米，口径 3.6 厘米，足径 10.4 厘米

康熙青花瓷造型古朴多样，千姿百态，青花色泽鲜明艳丽，盛行分水画法。双陆尊为新创器形，体现了康熙御瓷挺拔遒劲的艺术特征。

青花缠枝莲托暗八仙纹瓶

清雍正（1723—1735）
故宫博物院藏
高 27 厘米，口径 7 厘米，足径 6.6 厘米

雍正青花柔媚俊秀，器形圆柔纤细，呈色稳定雅丽，纹饰高雅细腻，画风清丽。此瓶腹部绘有道教暗八仙法器，肩部绘有藏传佛教八宝纹饰，集汉、藏吉祥纹饰于一身，体现了多元文化融合下的吉祥寓意。

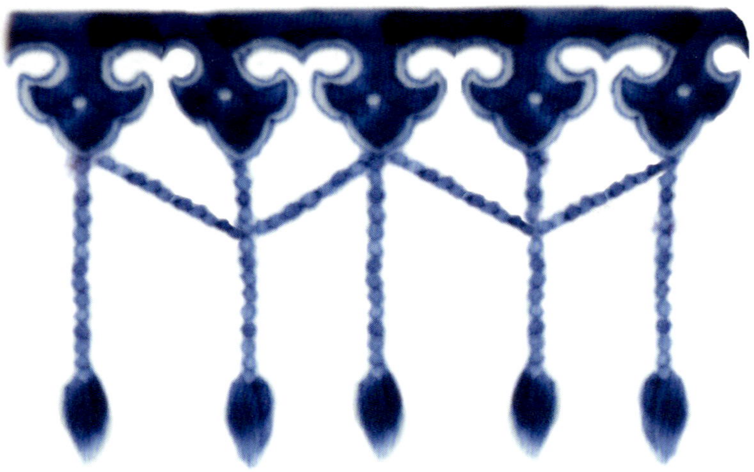

璎珞纹

八宝纹

暗八仙纹

釉里红牡丹菊花纹盘

明洪武（1368—1398）
故宫博物院藏
高 9.6 厘米，口径 46.3 厘米，足径 26.7 厘米

于元代诞生的釉里红瓷器在明洪武时期盛极一时，与青花双姝贯穿整个明清御窑史。大盘形制继承元代，洪武朝独有的扁菊纹与传统的牡丹纹发色柔雅温润，相映成趣。

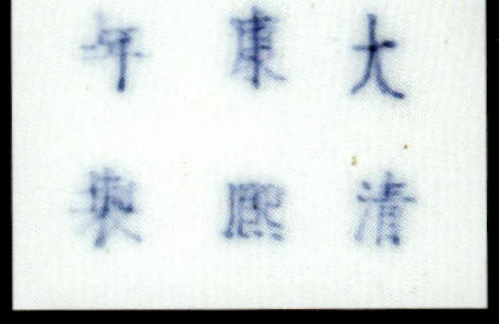

釉里红双龙纹菜菔瓶

清康熙（1662—1722）
故宫博物院藏
高 22.2 厘米，口径 4.2 厘米，足径 5.8 厘米

釉里红瓷器发展至清康熙时期工艺纯熟，呈色稳定。此件器物所绘龙纹大气雄壮，颇有气势，与故宫博物院藏另一件青花器造型、纹饰完全相同，说明采用了同一官样制作。

青花釉里红折枝石榴纹抱月瓶

清雍正（1723—1735）
故宫博物院藏
高 34 厘米，口径 6 厘米，足径 12×8.5 厘米

青花釉里红瓷在清雍正时期达到巅峰，技术运用娴熟，发色纯正。此件器物青花幽静雅致，釉里红鲜妍沉稳，二者珠联璧合，恰到好处。

釉里三色蟠螭山水图花觚

清康熙（1662—1722）
故宫博物院藏
高 42.5 厘米，口径 20.5 厘米，足径 15 厘米

釉里三色是康熙时期新创的釉下彩品种，除传统青花釉里红的结合外，新增淡雅悦目的豆青釉，多用于为山石增色，凸显浅浮雕效果，立体感强，是明清时期瓷器中的稀少品种。

第二单元　云舒霞卷

妍丽多姿映瓷面，淡妆浓抹总相宜。明清御窑将色釉艺术发挥到极致，用料发色恰如其分，色阶变化无数，斑斓夺目。如云朵般幻化万千的器型，搭配如彩霞般绚烂绮丽的釉色，将中国传统色彩之美展现得淋漓尽致，令人沉醉、叹为观止。

鲜红釉盘

明宣德（1426—1435）
故宫博物院藏
高 4.4 厘米，口径 20 厘米，足径 12.4 厘米

千窑一宝，鲜红难烧。宣德红釉是御窑红釉的巅峰之作，色泽殷红灼烁，匀润鲜亮，浓艳耀目宛若宝石，俗称“宝石红”。

豇豆红釉菊瓣式瓶

清康熙（1662—1722）
故宫博物院藏
高 20.8 厘米，口径 5 厘米，足径 4.5 厘米

“绿如春水初生日，红似朝霞欲上时”。豇豆红釉创烧于康熙时期。造型秀雅，色彩淡雅宜人，根据发色和呈色的不同，有“美人醉”“娃娃脸”“桃花片”之称。几无大器，多为宫廷文房用具。

淡黄釉莲蓬式盘

清雍正（1723—1735）
故宫博物院藏
高 5.7 厘米，口径 29 厘米，足径 17.9 厘米

淡黄釉又称“西洋黄”，为宫廷端庄大气的正黄之外，带来一缕清爽明快的新风。此盘以淡黄配莲蓬装饰，尤显活泼灵动。

浇黄釉牺耳尊

明弘治（1488—1505）
故宫博物院藏
高 32 厘米，口径 19 厘米，足径 17.5 厘米

黄色是自唐以来历代帝王尊崇的专属颜色，黄釉瓷器仅限御用。明代弘治黄釉娇嫩如鸡油、蜜蜡，久负盛名。黄釉牺耳尊是明代皇帝祭祀地坛的正位礼器，浇黄描金，是皇家之色，国之重器。

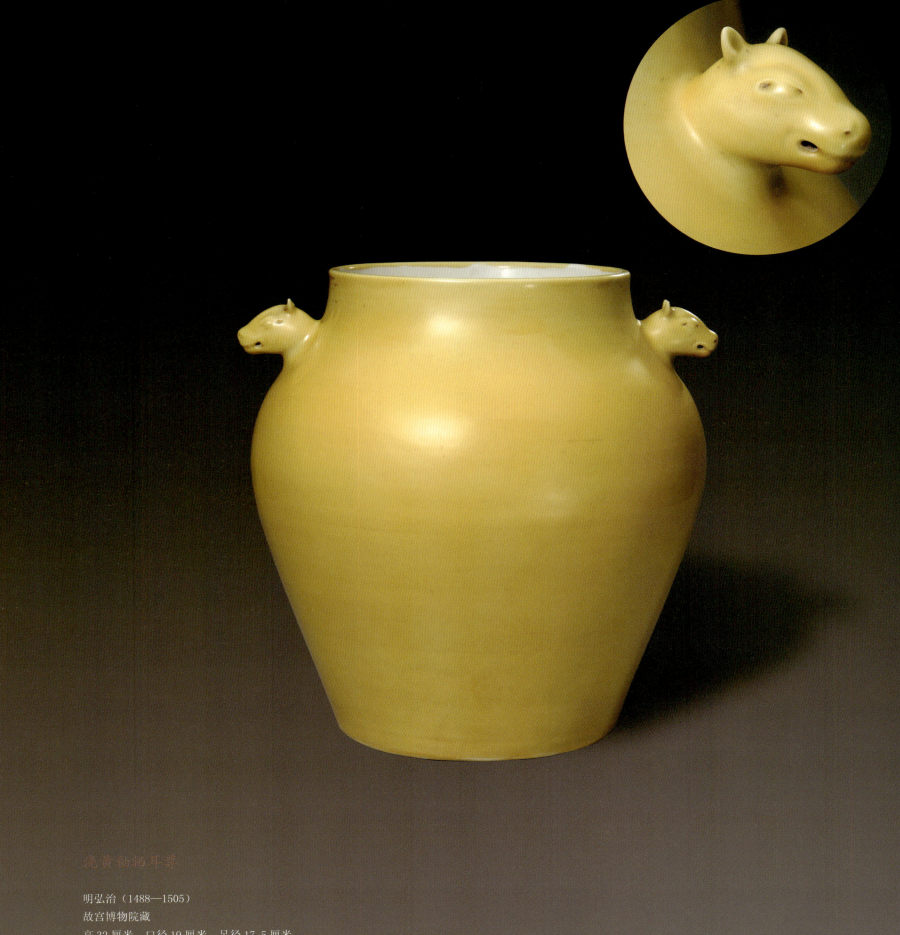

胭脂水釉碗

清雍正（1723—1735）
故宫博物院藏
高 4.8 厘米，口径 9.5 厘米，足径 3.6 厘米

胭脂水釉是以黄金为呈色剂的低温粉红色釉，奢华贵重，清康熙时从西洋传入中国，亦称“洋红”。此碗造型秀美，釉汁匀润，红中泛紫，是胭脂水釉瓷之极品。

厂官釉绶带耳葫芦瓶

清乾隆（1736—1795）
故宫博物院藏
高 26 厘米，口径 3 厘米，足径 8.2 厘米

厂官釉是清代御窑颇具特色的釉色，以黄绿发色为其最显著特征。清雍正时唐英所烧厂官釉主要是鳝鱼黄、蛇皮绿和黄斑点三种。此釉色以雍正、乾隆时期产品为多，乾隆时烧制最为成功。清末《匋雅》称其为茶叶末釉，并赞其：“艳于花、美如玉、范为瓶、最养目”。此瓶古朴雅致，为典型的乾隆朝御窑制品。

甜白釉锥拱缠枝莲纹梅瓶

明永乐（1403—1424）
故宫博物院藏
高 24.5 厘米，口径 4.3 厘米，足径 10.1 厘米

永乐白瓷“白如凝脂，素犹积雪”，给人以甘美甜净之感，故称“甜白瓷”。此瓶胎细釉莹，暗刻锥花，尤显精致含蓄，是永乐甜白釉瓷器中不可多得的珍品。

葱绿釉碗

清雍正（1723—1735）
故宫博物院藏
高 4 厘米，口径 9 厘米，足径 3 厘米

雍正时期的葱绿釉，娇嫩欲滴，如春天雨后晴空下的嫩芽。此碗造型可爱小巧，生机勃勃的葱绿釉，俏皮活泼，清新可人。

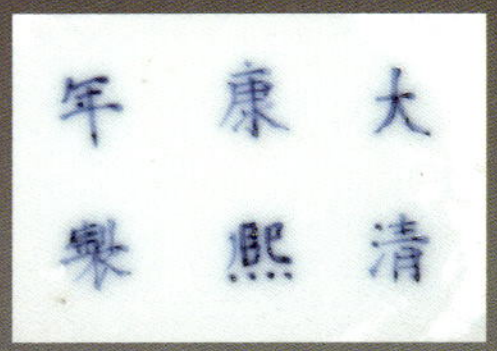

天蓝釉凸耳梅瓶

清康熙（1662—1722）
故宫博物院藏
高 21 厘米，口径 3.9 厘米，足径 5.9 厘米

康熙时期新创天蓝釉，色调似天空之蔚蓝色，莹洁清雅，幽淡隽永。此瓶器形秀美，瓶身凸耳装饰反衬出天蓝釉的纯净之美，颇具巧思。

宁寿宫铭并岁朝图　清弘旿　故宫博物院藏

孔雀绿釉菊瓣式撇口尊

清雍正（1723—1735）
故宫博物院藏
高 26.8 厘米，口径 20.9 厘米，足径 14.9 厘米

孔雀绿釉深邃葱翠，似孔雀翎羽，常用作陈设插花器。此瓶以多重菊瓣为器形，极具张力，孔雀绿釉随器身曲线起伏，增添韵律感，变化有致。

第三单元　浮翠流丹

清雅明丽出芙蓉，华贵雍容画牡丹。彩瓷是御瓷中最华丽耀眼的明珠，无论是精妙可人的斗彩、浓艳繁复的五彩，还是华美秀雅的粉彩，都是世界陶瓷史上浓墨重彩的一笔。尤其是清代变化万千的粉彩瓷，比肩青花瓷，逐渐成为御窑产品的主流。

斗彩三秋杯

明成化（1465—1487）
故宫博物院藏
高 3.9 厘米，口径 6.9 厘米，足径 2.6 厘米

斗彩出现于宣德，盛于成化。此杯蝶翅所施“姹紫彩”为成化朝独有，其色如赤铁，表面干涩无光，后世未有仿烧成功者。杯外壁描绘了秋天庭院景色，故称“三秋杯”，存世稀少，极为珍贵。

清代朱琰所著的《陶说》记载：“成窑以五彩为最，酒杯以鸡缸为最。神宗时尚食，御前成杯一双，直钱十万，当时已贵重如此。”成化斗彩鸡缸杯在同属明代的万历时期已受重视，价值极高。

斗彩鸡缸杯（半成品）

明成化（1465—1487）
景德镇御窑博物院藏
高 3.9 厘米，口径 8.3 厘米，足径 3.6 厘米

釉下青花与釉上彩交相辉映，诞生了斗彩。成化斗彩瓷造型轻盈，风格秀雅，备受推崇，以鸡缸杯最为名贵。

仿成化款斗彩鸡缸杯

清康熙（1662—1722）
故宫博物院藏
高 4 厘米，口径 8.3 厘米，足径 3.6 厘米

成化斗彩名品鸡缸杯因其制作精美，小巧独特，深受后世追捧。清代仿作追求仿其神髓，但受时代风格影响，呈现出当时的时代风貌。

斗彩云龙纹盖罐

清雍正（1723—1735）
故宫博物院藏
通高 10.4 厘米，口径 5.7 厘米，足径 7.8 厘米

明成化斗彩天字罐久负盛名，因罐底书“天”字款而得名，线条柔和圆润，色彩明艳鲜亮，颇受历代统治者喜爱，后代多有仿制，以雍正朝仿作最佳。

青花五彩桃枝“寿”字纹盘

明嘉靖（1522—1566）
故宫博物院藏
高 2.8 厘米，口径 14.5 厘米，足径 9.3 厘米

五彩工艺出现于明宣德时期，盛于嘉靖、万历年间，色调纯正，绚烂陆离，是明代御窑釉上彩瓷辉煌之作。此盘施彩浓重艳丽，纹饰以曲枝桃树盘成“寿”字，辅以灵芝仙草，新奇雅致，极具创意。

一月·迎春花

二月·杏花

三月·桃花

青花五彩十二月花卉图题诗句杯

清康熙（1662—1722）
故宫博物院藏
高 4.9 厘米，口径 6.7 厘米，足径 2.6 厘米

十二月花卉杯依岁时花信与社会时俗，一月一杯，一杯一花，一花一诗，掌中乾坤可观四时之景，风雅至极。套杯花卉灵动，笔触细腻传神，薄胎透光，轻盈若无物，代表了康熙御窑青花五彩薄胎瓷的最高水平。

四月·牡丹

五月·石榴花

六月·荷花

七月·兰花

八月·桂花

九月·菊花

十月·月季

十一月·梅花

十二月·水仙

冬青釉五彩描金花鸟图大花盆

清康熙（1662—1722）
故宫博物院藏
高 33.3 厘米，口径 61 厘米，足径 39 厘米

康熙五彩古拙浑厚，硬朗恢奇。此盆以冬青为地，外壁通体描绘五彩加金花鸟图景，构图舒展，清新宜人。苍翠的冬青与艳丽的五彩相遇，美不胜收。

粉彩牡丹玉兰图盘口瓶

清雍正（1723—1735）
故宫博物院藏
高 27.5 厘米，口径 6.3 厘米，足径 8.6 厘米

雍正粉彩瓷器代表作。柔婉多姿，用笔细腻，吸收传统绘画中的没骨技法，不勾勒线条，用色彩表现物象，明暗深浅自然，强调含蓄蕴意，淡雅清绮。

粉彩过枝八桃结树图盘

清雍正（1723—1735）
故宫博物院藏
高 4 厘米，口径 20.5 厘米，足径 13.2 厘米

粉彩汲取中西绘画神韵，粉润柔和，明暗有致，雍容清逸，诞生于康熙，成熟于雍正。此盘采用“过枝”技法，桃枝自器足延伸过壁至盘心，构思精巧，内外壁枝叶、花果相连，浑然一体，相得益彰。

绿地粉彩大雅斋款花鸟图长方花盆

清光绪（1875—1908）
故宫博物院藏
高 30 厘米，口径 28.2×37 厘米，足距 24×29.6 厘米

因慈禧太后而生的大雅斋瓷器清和精雅，充满女性的娇柔之美，是清代御窑的最后一个高峰。此花盆通体以绿色为地，绘绶带鸟立于遒劲的梅枝上，线条流畅、笔法圆润，画面柔和自然，呈现清丽高雅的意蕴。

粉地粉彩西番莲纹天球瓶

清乾隆（1736—1795）
故宫博物院藏
高 29.7 厘米，口径 6 厘米，足径 9.8 厘米

颜色釉常作为底色出现，对画面进行烘托与铺垫，使瓷器色彩更为丰富，装饰更为华美，风格更为多元。此瓶粉红色地与西番莲纹的组合柔化了天球瓶刚硬雄健的气质，有百炼钢化为绕指柔之效。

绿地粉彩开光乾隆御制诗山水图壁瓶
清乾隆（1736—1795）
故宫博物院藏
高 20.3 厘米，口径 3.8×2.4 厘米，足径 6.2×2.3 厘米

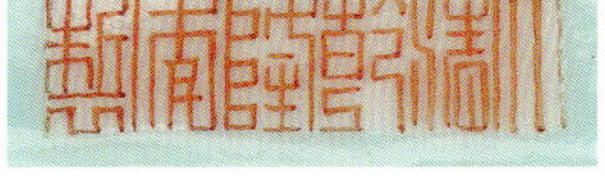

五彩凤鸟斗鸡纹葫芦形壁瓶
明万历（1573—1619）
天津博物馆藏
高 30.5 厘米，口径 5 厘米，足径 11 厘米

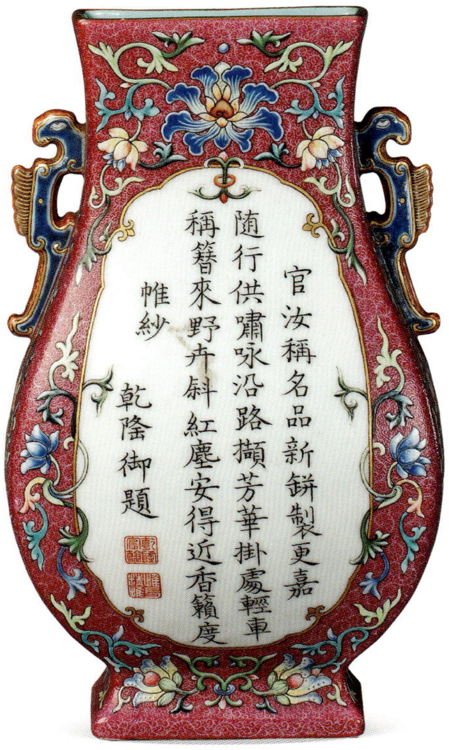

紫地轧道粉彩开光乾隆御制诗壁瓶
清乾隆（1736—1795）
故宫博物院藏
高 18 厘米，口径 7×2.6 厘米，足径 6.8×2.8 厘米

红地粉彩五蝠描金「大吉」葫芦形壁瓶
清乾隆（1736—1795）
景德镇中国陶瓷博物馆藏
高 34.6 厘米，宽 21.3 厘米

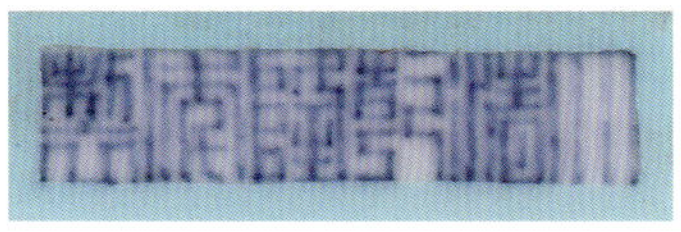

壁瓶专为装饰墙壁或轿壁而设计，可用以插花，小巧精致，造型多样，设计巧妙，充满文人气息。其盛行于明万历时期，清乾隆时期达到了高峰。在乾隆钟爱的书房“三希堂”中，悬挂壁瓶多达十余只，反映了帝王博古好雅之素养和舒适闲逸之雅趣。

第四单元　明镜坚骨

御窑瓷器胎质洁白细腻，为彩瓷的表现提供了基底。明镜之下是坚骨，坚骨乃由泥来筑。不论是厚重端方、大气典雅的大件器物，还是轻巧秀丽、玲珑剔透的薄胎瓷器，成形烧制难度都很大，易开裂、变形。御瓷坚质的胎体，使其在大小方寸、厚薄之间，运筹帷幄，尽显工艺之精湛。

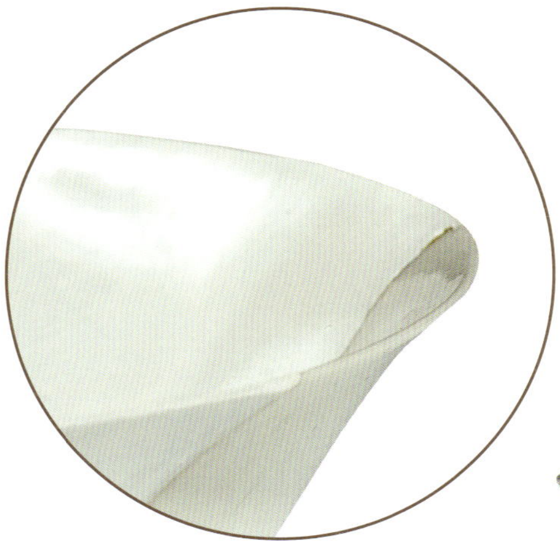

白釉高足碗（残）

明永乐（1403—1424）
景德镇御窑博物院藏
高 10.6 厘米，底径 4 厘米

明清时期，景德镇御窑对瓷胎的把控日益纯熟。此件明永乐高足碗口沿最薄处达 0.8 毫米。

斗彩云龙纹杯（残）

明成化（1465—1487）
景德镇御窑博物院藏
高 4.8 厘米，口径 6.1 厘米，足径 2.3 厘米

明成化时期的薄胎瓷器制作水准极高。此杯在薄胎之上采用斗彩绘制龙纹，经多次烧制，难度倍增，成功率更低，是景德镇御器厂高超制瓷技艺的有力见证。

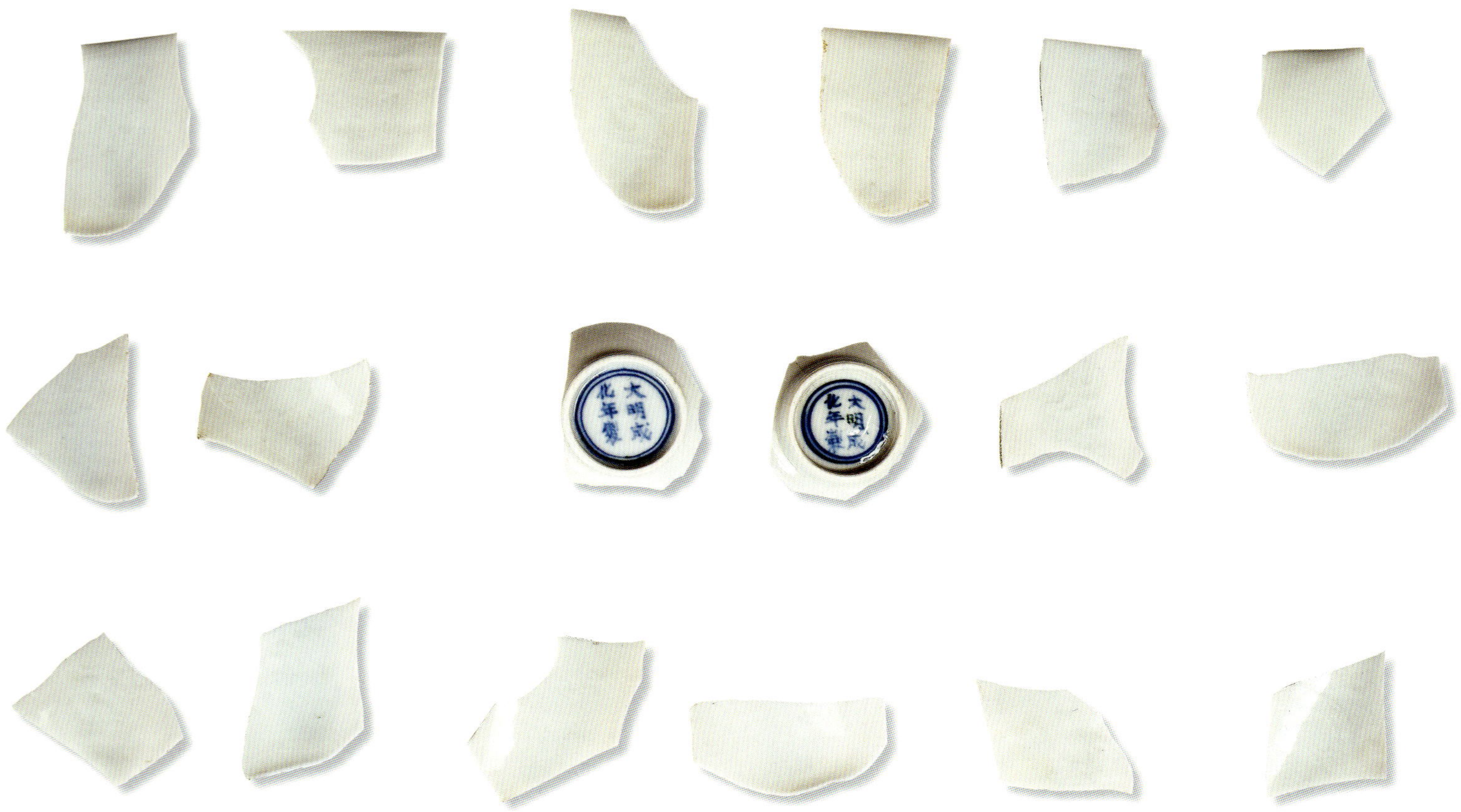

白釉杯瓷片一组

明成化（1465—1487）
景德镇御窑博物院藏

薄胎瓷须经多次反复修坯，难度极大，其制作始于明永乐时期，但永乐的瓷胎只是半脱胎，到成化时期，达到了几乎脱胎的程度。此组瓷片瓷胎薄如蛋壳，且于其上暗刻龙纹，精致至极。

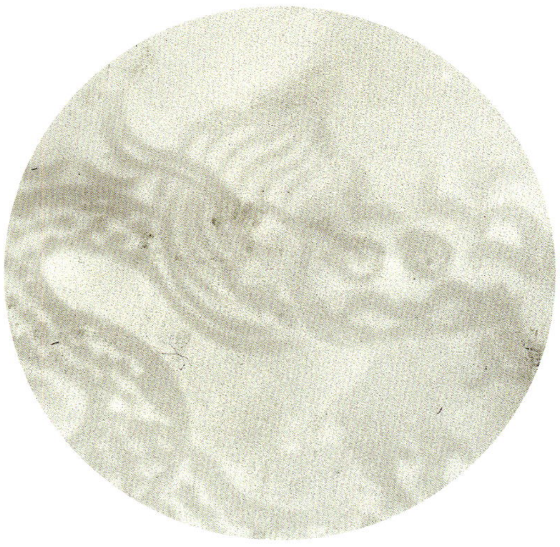

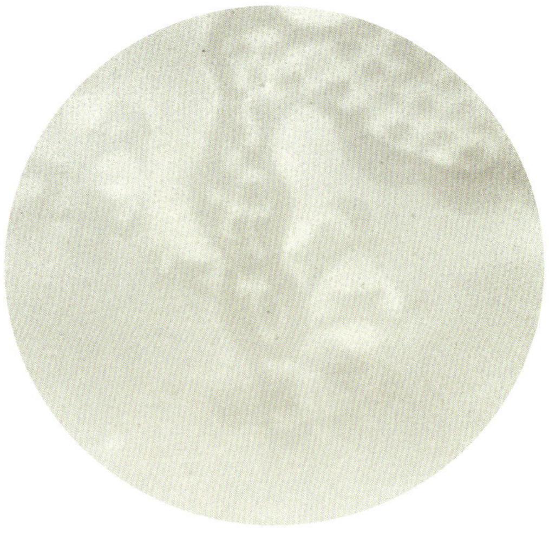

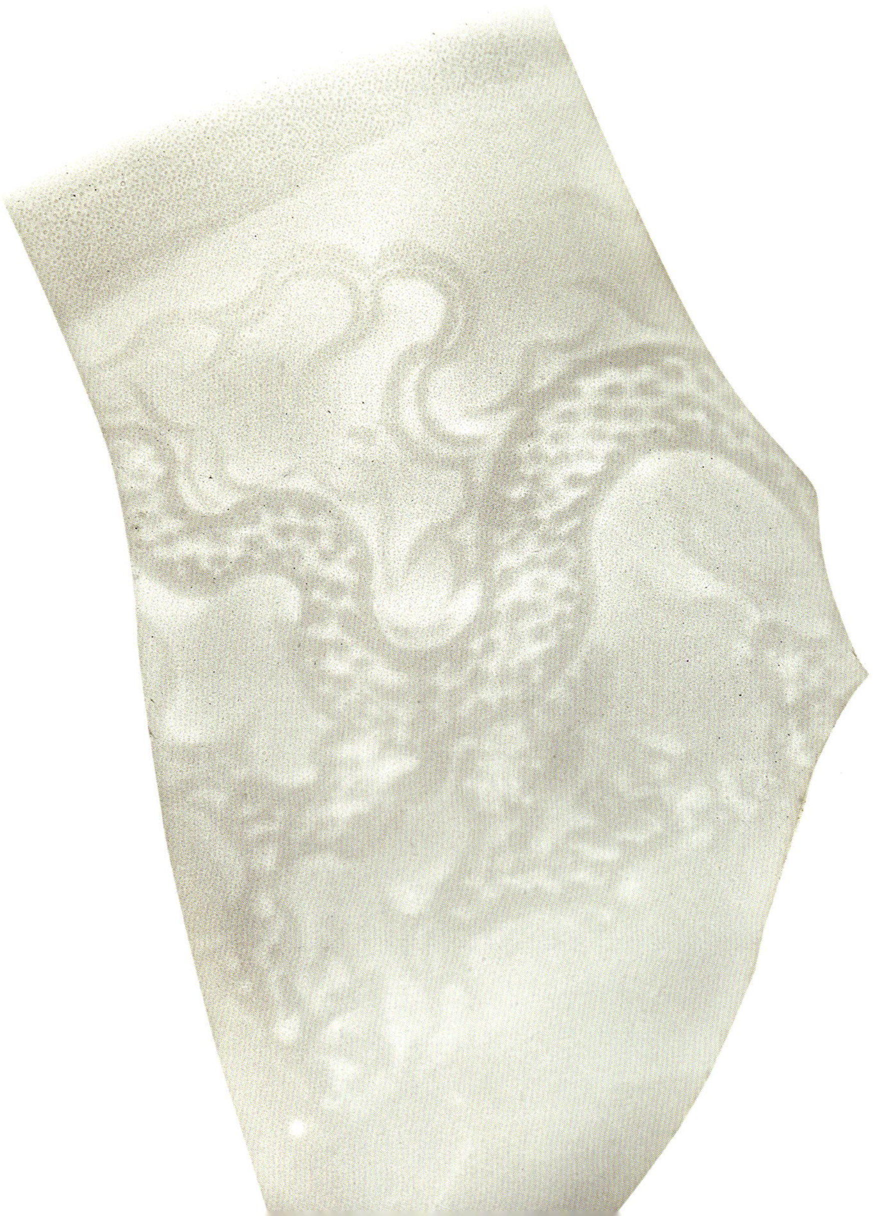

白釉碗

明成化（1465—1487）
故宫博物院藏
高 7.2 厘米，口径 17.5 厘米，足径 6.9 厘米

明成化、清雍正时的白釉薄胎器通体透亮，如冰似玉，达到了薄如蝉翼的程度。

白釉碗

清雍正（1723—1735）
故宫博物院藏
高 6.7 厘米，口径 14.4 厘米，足径 5 厘米

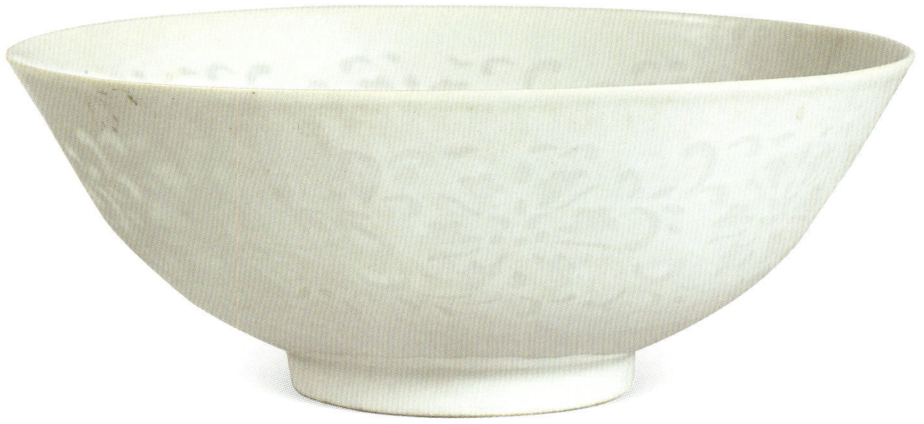

白釉镂雕莲花纹碗

清乾隆（1736—1795）
故宫博物院藏
高 5.3 厘米，口径 13.5 厘米，足径 5.2 厘米

玲珑瓷明澈剔透，须在薄胎上镂雕玲珑眼，逐次反复填入釉浆，制作中风险很大，极易产生缺陷。此件玲珑瓷碗胎薄透光，镂刻精细，光照之下，朵朵莲花清晰映目，清雅剔透。

祭蓝釉刻应龙云纹缸（残）

明宣德（1426—1435）
景德镇御窑博物院藏
高 28.5 厘米，口径 61.1 厘米，底径 44 厘米

龙缸形体硕大，须以专门的龙缸窑烧造。明初即有制作，因胎厚体大，烧制时极易变形、开裂，形成窑裂、窑疤等缺陷。

青花应龙云纹缸（残）

明宣德（1426—1435）
景德镇御窑博物院藏
高 27.4 厘米，口径 62.1 厘米，底径 44.2 厘米

『龙有翅而能飞，曰应龙。』应龙纹常见于宣德、成化御瓷。此缸外壁绘海水应龙纹，应龙穿梭于惊涛骇浪之中，气势磅礴。

青花云龙纹大盘（残）

明正统至天顺（1436—1464）
景德镇御窑博物院藏
高 11.5 厘米，口径 75 厘米，足径 47.5 厘米

大器难成，厚胎更甚。此件大盘为厚胎大器，雄壮持重，盘心所绘青花龙纹威猛遒劲，腾云驾雾间尽显王者之气。

青花芝桃仙鹤符篆纹盘

明嘉靖（1522—1566）
故宫博物院藏
高 8.1 厘米，口径 57.5 厘米，足径 41.7 厘米

明嘉靖时期，皇帝崇尚道教，多以大器装饰道教题材。大盘烧成难度大，极易变形。此盘口径达 57.5 厘米，器形规整，殊为难得。其采用回青料绘制青花纹饰，呈色深紫，盘内以符箓为中心，仙鹤、蟠桃、灵芝等祥瑞向心而绘，为嘉靖时期的代表性作品。

第五单元　巧夺天工

三百年厚积薄发，至乾隆一朝，御瓷空前繁荣。御窑厂投入大量人力、物力和财力挑战技艺极限，从原料、造型、釉彩、装饰等方面极尽精工巧作，新意频出。惟妙惟肖如仿生瓷，奇巧复杂如转心瓶，独具创意如汇集各种釉彩的“瓷母”，诸般绝品，彰显着御窑制瓷工艺的巅峰，可谓前无古人、后无来者。

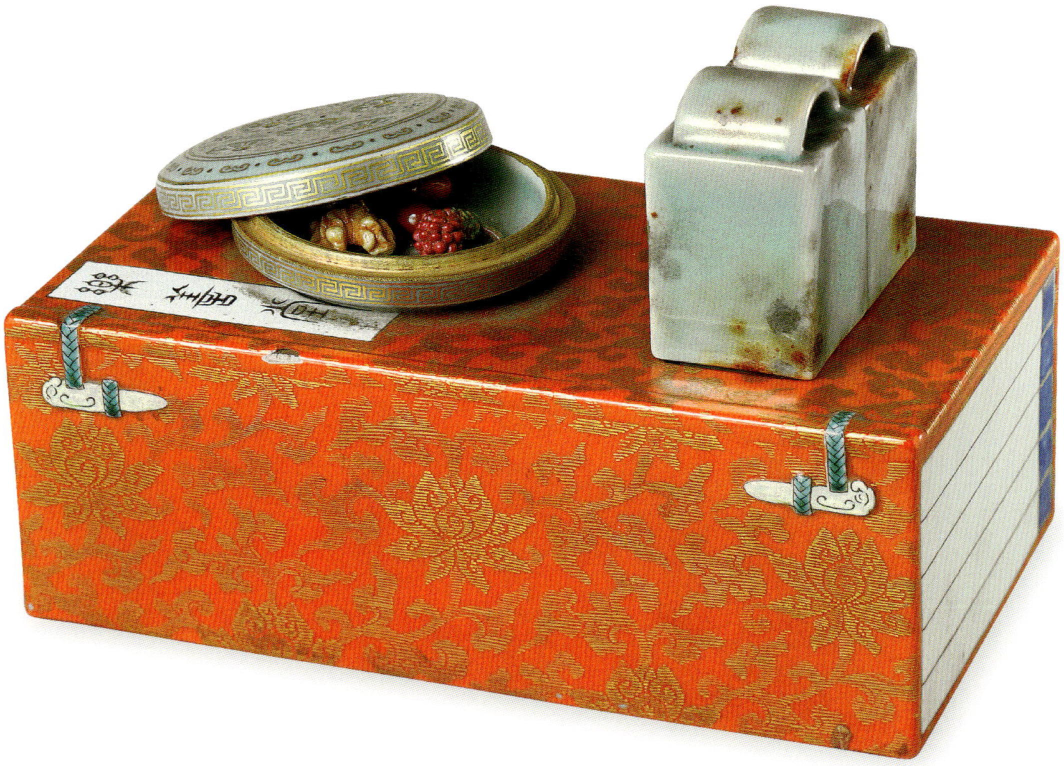

粉彩锦书式金钟笼

清乾隆（1736—1795）
故宫博物院藏
通高 10.2 厘米，长 20.5 厘米，宽 11.4 厘米

御窑像生瓷不但师法自然，也工于人文，能仿书函、印章等用品。此金钟笼以书函为造型，印章下有槽与笼体相通，可喂养金钟儿等鸣虫。印泥盒内盛像生瓷果品，底有透气孔与笼体相通，可闻虫鸣。皇室雅玩，设计奇巧，内有乾坤。

像生瓷海螺

清乾隆（1736—1795）
故宫博物院藏
长 10.5 厘米

仿物之形，诠物之意，源于自然，高于自然。像生瓷是御窑厂仿照自然之物烧制的瓷器，形象逼真，活灵活现。此件瓷海螺壳大坚厚，螺纹深浅之间黄白交错，纹理清晰，与真无二。

冬青釉粉彩塑贴螺蟹祭蓝描金瓶式香插

清乾隆（1736—1795）
故宫博物院藏
高 9.4 厘米，瓶口径 1.9 厘米，盘口径 10.8，足径 6.2 厘米

御窑极尽能巧，为皇室专门设计了一批集观赏、实用功能于一体的趣玩。此香插集仿生仿物于一体，置于案儿，自成一景。瓶身绘描金双鱼，盘中盛蟹甲、蝙蝠和小螺，寓意吉祥，富丽堂皇。

斗彩花卉纹六方形鼎式炉

清乾隆（1736—1795）
故宫博物院藏
通高 40.5 厘米，宽 30.6 厘米，口径 15 厘米
炉底径 24.5 厘米，足距 16 厘米

制瓷业有“十圆不如一方”之说，指的是镶器以板块拼接而成，制作难度大，难烧易变形。此鼎式炉为六方镶器，器身以各种不同尺寸的泥板拼接烧制而成，大器厚重，造型新颖，实属罕见。

粉彩镂空岁寒三友图转心瓶

清乾隆（1736—1795）
沈阳故宫博物院藏
通高 28.5 厘米，口径 10.3 厘米，腹径 18.7 厘米，足径 11.3 厘米

转心瓶多镂空开光，可通过旋转窥探内瓶纹饰，以达观有限而意无穷之妙。在百转千回间蕴破静为动之美，显鬼斧神工之能，创独一无二之艺术孤品，体现出御窑对瓷器的掌控臻于化境。此转心瓶外壁镂空松竹梅三友图，内胆饰粉彩云龙纹，以“走马观灯”之势，赏游龙穿花之姿。

粉彩镂空蟠螭“福寿”字纹盘口瓶

清乾隆（1736—1795）
景德镇中国陶瓷博物馆藏
高 27.4 厘米，口径 6.6 厘米，腹径 19.8 厘米，足径 10.9 厘米

此瓶腹部镂雕数条彩色蟠螭，相互缠绕交错，四面中心融福入寿，自成开光，寓意福寿双全，透过镂空，隐约可见内胆所绘青花花卉，别具一格，新意锐出。

仿雕漆描金缠枝花暗八仙纹冠架

清乾隆（1736—1795）
沈阳故宫博物院藏
高 27.5 厘米，底径 15.5 厘米

冠架通体柱式，由帽托、立柱、底座组成，运用仿雕漆描金工艺制作，配以白釉蓝花镂空夔龙形支架，实用而美观，金碧辉煌，是不可多得的重工佳器。

第四部分

海纳百川

Part Four

Embracing All Diversities

瓷器是文化的载体，承继着千年中华传统，包容着多民族的文化，记录着文明间的交流。明清御瓷不论器形、纹饰，还是装饰工艺，处处呈现着多元文化的交融，是中外对话的桥梁，体现出中国自古以来海纳百川、兼收并蓄的博大胸怀。

Porcelain, inheriting the Chinese tradition of thousands of years, embraces multi-ethnic cultures and records the communication between civilizations. The Imperial Porcelain of the Ming and Qing Dynasties, regardless of shapes, patterns, or decoration techniques, presents the integration of diverse cultures from all over the world. It is a bridge of communication between China and foreign countries, reflecting China's inclusive attitude of embracing diversities since ancient times.

第一单元　八方共域

中国自古以来就是一个多民族国家，各民族文化水乳交融，成为中华文化不可分割的一部分。明清御窑生产了大量具有少数民族风格的御瓷，反映了当时各民族间密切的文化交流，是中国多民族文化融合的见证。

斗彩藏文莲池鸳鸯纹盘（残）

明宣德（1426—1435）
景德镇御窑博物院藏
高 4.6 厘米，口径 21.5 厘米，足径 13.6 厘米

这件出土于景德镇御窑遗址的宣德彩瓷盘，口沿书写一周祈愿安宁的藏文，其纹饰与西藏藏传佛教萨迦派祖庭——萨迦寺发现的碗相同，是西藏与明朝中央政府隶属关系的见证，也是“斗彩”创烧于宣德年间的重要证据。

青花八思巴文款海水云龙戏珠纹盘

明正德（1506—1521）
故宫博物院藏
高 5 厘米，口径 23.7 厘米，足径 15.5 厘米

八思巴文是元世祖忽必烈的国师、喇嘛教高僧八思巴创制的一种拼音文字。此盘外底书写八思巴文，体现了明代宫廷同蒙藏上层僧侣往来密切。

粉彩八吉祥勾莲纹多穆壶

清乾隆（1736—1795）

故宫博物院藏

高47厘米，口径9.7厘米，足径14厘米

多穆壶，蒙语称『东布壶』，是满蒙藏少数民族盛装奶、水和酥油茶的器皿。此壶凤首龙柄，造型别致，纹饰繁缛，华美绚丽，具有浓郁的民族风情。

乾隆皇帝围猎聚餐图（局部） 清郎世宁等 故宫博物院藏

斗彩螭龙穿花纹僧帽壶

清乾隆（1736—1795）
故宫博物院藏
通高 26.7 厘米，口径 14 厘米，足径 10.5 厘米

僧帽壶因壶口形似藏传佛教僧侣冠帽而得名，自明初起即成为御窑独特器型，用于颁赐西藏、蒙古上层及宫廷日用，延续明清两朝，反映藏蒙与中央保持长期密切关系。此壶以龙穿绣球花为纹饰，是中国多民族文化融合的佳作。

粉彩勾莲纹佛塔

清乾隆（1736—1795）
故宫博物院藏
通高 42.5 厘米，底座 19.1×19.1 厘米

明清宫廷尊奉藏传佛教，乾隆时期达到极盛。此瓷塔结构精巧，纹饰繁复，庄严瑰丽，极洽佛堂氛围，为典型藏传佛教佛塔。此塔属供养塔，一般置于佛前供案上。

弘历观画图（局部） 清郎世宁 故宫博物院藏

矾红彩蕃莲纹甘露瓶

清乾隆（1736—1795）
故宫博物院藏
高 21.8 厘米，口径 3.2 厘米，足径 12 厘米

甘露瓶是藏传佛教常用供器，即清宫档案所记录的“红花白地甘露瓶”。虽谓“甘露瓶”，却很少盛液体，多用于插吉祥草，置于佛前供桌上。常见于宫廷对藏传佛教寺庙的赏赐名单中。

粉彩西番草纹描金汉、满文斋戒牌

清乾隆（1736—1795）
故宫博物院藏
长 6 厘米，宽 4.4 厘米，厚 0.9 厘米

斋戒牌是清代祭祀人员佩戴于胸前的器物，两面分别书写满文及汉文的“斋戒”二字，体现了清代满族统治者满汉并重的宫廷规制和对祭祀典仪的重视。

第二单元　四海风情

瓷器是中外文明交流的纽带。明清时期，南亚、中亚、西亚、欧洲各文明的文字、纹样、器物造型、工艺技法甚至生活方式等，在御瓷上都有充分体现。外来文化与本土文化不断碰撞出创新的火花，成为景德镇御窑源源不断的创意灵感，为瓷器制作注入旺盛的生命力。

青花缠枝莲纹方流执壶

明永乐（1403—1424）
故宫博物院藏
高 32.3 厘米，口径 7.4 厘米，足径 11.5 厘米

明初郑和七下西洋，不仅带来了阿拉伯地区的苏麻离青料，而且将当地的诸多金属器形引入中国。御窑仿其形制，烧制出许多源于异域造型的瓷器，诸如执壶、折沿盆、烛台、扁瓶等。此器仿自伊斯兰银水注。

青花缠枝莲纹鱼篓尊

明宣德（1426—1435）
故宫博物院藏
高 14 厘米，口径 16.3 厘米，足径 14.6 厘米

鱼篓尊主要流行于明永宣时期，原型是阿拉伯地区的黄铜尊，搭配传统中式缠枝莲纹，珠联璧合，是对外文化交流的重要体现。

青花缠枝莲纹花浇

明永乐（1403—1424）
故宫博物院藏
高 15 厘米，口径 8 厘米，底径 4 厘米

《饮流斋说瓷》载：“花浇者，浇花之壶也。”花浇造型仿自西亚金属器，是当地流行的净手器物，随郑和下西洋传入中国，是中外文化交流的有力见证。

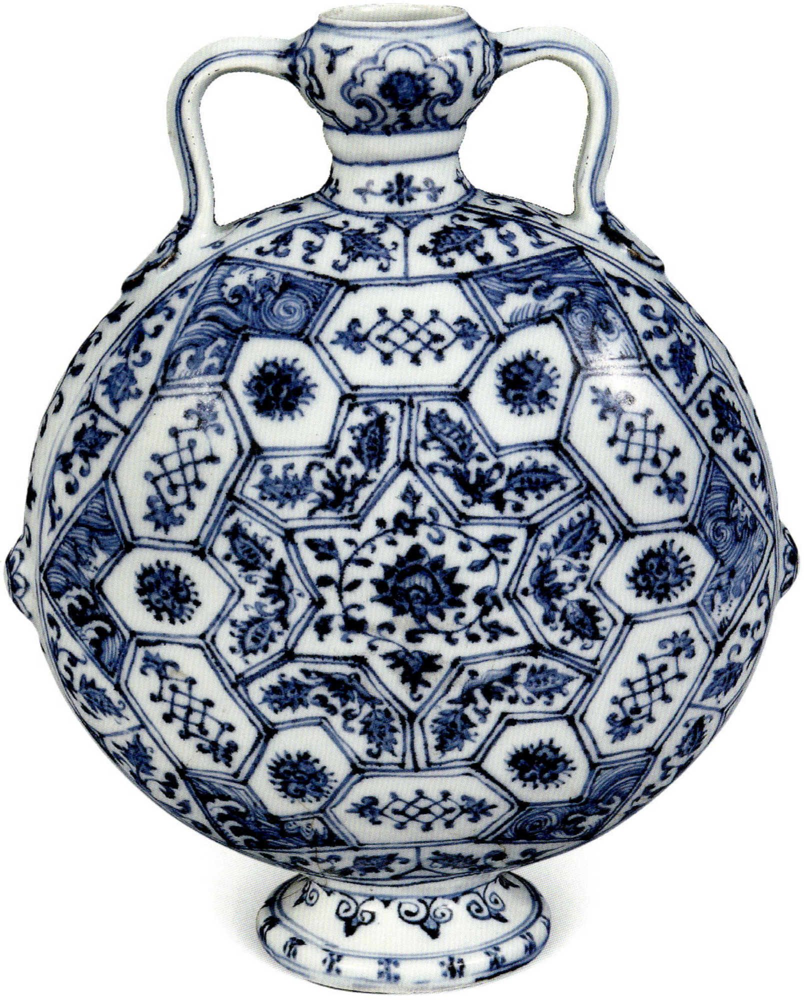

青花芦粟锦纹双耳扁瓶

明永乐（1403—1424）
故宫博物院藏
高 24 厘米，口径 3 厘米，足径 7.5 厘米

明代永宣年间，郑和七下西洋，是中国航海史与外交史的重大事件，由此带来了中外文明间的交流与融合，影响广泛而深远。此瓶造型仿自阿拉伯铜器，主体纹饰芦粟锦纹具有鲜明的西亚风格。

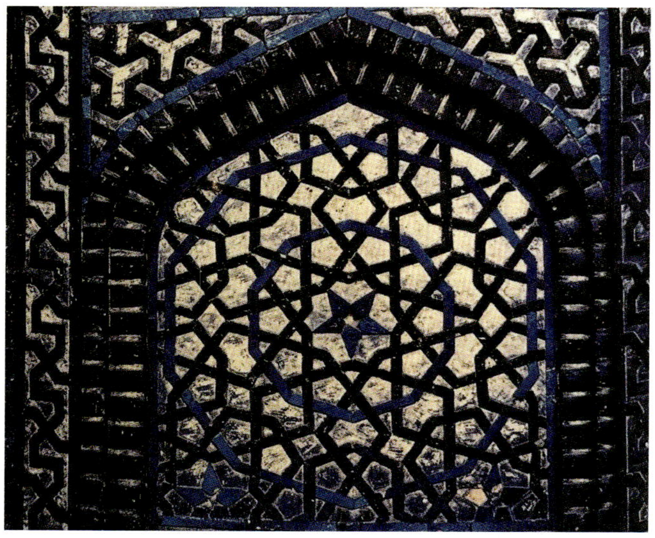

土耳其拼接壁砖　约建于 1219—1220 年间

芦粟锦纹这类的“锦纹”祖型是来自伊斯兰世界，其以十芒星为中心，外接十芒星，再环绕搭配五角形装饰的构思是西亚地区拼接瓷砖常见的装饰母题。
资料出处：《陶瓷手记 4：区域之间的交流和影响》　谢明良著，上海书画出版社

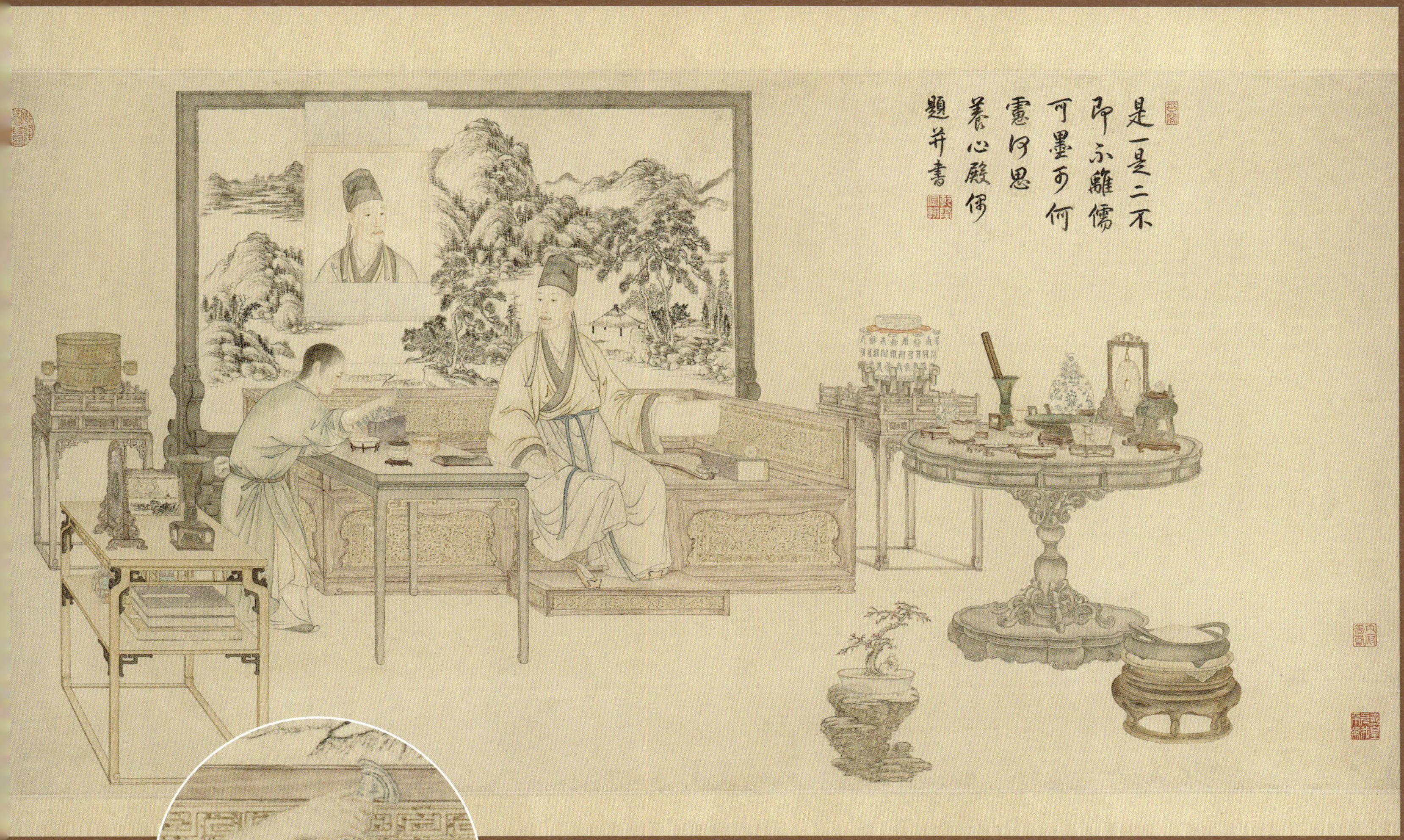

弘历是一是二图　清佚名　故宫博物院藏

青花缠枝牡丹纹军持

明宣德（1426—1435）
景德镇御窑博物院藏
高 20.6 厘米，口径 6.7 厘米，底径 9.3 厘米

军持原为伊斯兰教信徒做礼拜时饮水或净手的用器。清《弘历是一是二图》上绘有小童子手执军持向乾隆皇帝倒茶，显示出军持使用功能的本土化。

青花阿拉伯文出戟瓶

明正德（1506—1521）
故宫博物院藏
高 25.5 厘米，口径 4 厘米，足径 8.5 厘米

正德皇帝重视伊斯兰教，御窑随之大量生产阿拉伯文装饰瓷器。此尊腹部圆形开光内书阿拉伯文，与外圈云纹配合巧妙，相得益彰。

青花梵文莲花式盘

明万历（1573—1619）
故宫博物院藏
高 5.7 厘米，口径 19 厘米，足径 5.5 厘米

梵文是古印度佛教曾使用的规范文字。此盘以多层莲瓣塑形，造型独特，似佛教莲花座，外壁莲瓣上书梵文，具有浓郁的南亚风情。

珐琅彩

中西工艺技术融合的典范之作。诞生于15世纪的法国画珐琅技术，清初传入中国。康熙年间，将进口珐琅彩料绘于御窑烧制的白瓷胎上，创烧出珐琅彩瓷器。雍正六年，唐英试烧成功20余种珐琅彩料，从此珐琅彩瓷走上了以国产料为主的生产道路。珐琅彩瓷由内廷画家精心彩绘，产量不多，是供皇帝御用赏玩的精品。

胭脂红地珐琅彩开光折枝牡丹纹碗

清康熙（1662—1722）
故宫博物院藏
高7厘米，口径15厘米，足径5.6厘米

珐琅彩瓷器创烧于康熙晚期，初创期仿铜胎珐琅器盛行色地彩绘，用笔工丽，施彩较厚，立体感强。此碗底为“康熙御制”料彩款，是极具特色的皇家标记。

红地珐琅彩梅花纹碗（残）

清雍正（1723—1735）
景德镇中国陶瓷博物馆藏
高 5.5 厘米，口径 10.2 厘米，足径 3.9 厘米

珐琅彩瓷器以雍正时期最为精致，精选入宫的景德镇薄胎白瓷，为其质优精美提供了前提保证。其胎、釉彩料皆为当世极品。雍正珐琅彩瓷器胎体洁白轻薄，釉面莹润，画工精细，图案集诗、书、画、印于一体，意境深远，达到了中国彩瓷制作的巅峰。

珐琅彩山水图瓶

清乾隆（1736—1795）
故宫博物院藏
高 9.1 厘米，口径 2.3 厘米，足径 2.2 厘米

由于乾隆皇帝的喜好，其时珐琅彩瓷器的造型和绘画内容更为丰富。此珐琅彩瓶色彩油亮凝厚，画中景致远近有别，深浅不一，似传统墨分五色技法，笔触精细，应为宫廷名家所绘。

珐琅彩西蕃莲纹蒜头瓶

清乾隆（1736—1795）
故宫博物院藏
高 18 厘米，口径 2.6 厘米，足径 5.5 厘米

此器满绘西洋花卉，以西蕃莲花为主，用珐琅白料表现花叶藤蔓明暗，并以金彩勾绘，色彩华丽而柔和，纹饰繁复而纤细，与十八世纪欧洲流行的洛可可繁复华丽的宫廷装饰艺术风格相符。

粉彩西洋人物图盖盒

清乾隆（1736—1795）
故宫博物院藏
高 6 厘米，口径 11.7 厘米，足径 9.5 厘米

康雍乾时期，中西文化交流繁盛，宫廷用器对西洋元素多有吸纳。此盖盒上绘西洋人物在传统中式庭院中闲适交谈，画面中透视及光影效果亦体现了鲜明的西方绘画技巧。

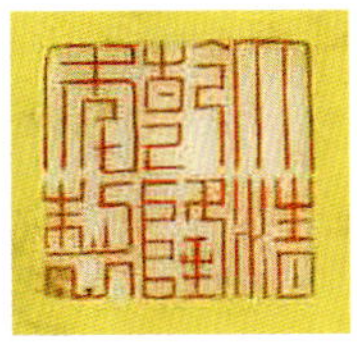

黄地粉彩洋人抱柱香插

清乾隆（1736—1795）
沈阳故宫博物院藏
高 6.5 厘米，盘口径 11.8 厘米，足径 7 厘米

此香插中心塑一个西洋人物单腿跪地，手抱筒形香柱，四周散布天下太平铜钱、红珊瑚枝、犀角、方胜等珍宝，呈现一幅西洋人物献宝场景。

末代皇帝溥仪曾延请英国人庄士敦教授英文。在其影响下，溥仪追求西式生活，其时清王朝已经覆灭，取代御窑地位的江西瓷业公司延续了为溥仪烧造宫廷用瓷的任务，应其所需，烧制了成套西餐具。酱汁匜和奶壶属典型西式餐具，符合西方用餐礼仪。

溥仪用矾红彩描金云龙纹带托酱汁匜

民国（1912—1949）
故宫博物院藏
高 17 厘米，宽 22.6 厘米

溥仪用矾红彩描金云龙纹奶壶

民国（1912—1949）
故宫博物院藏
高 16.5 厘米，宽 16 厘米，足径 7.3 厘米

溥仪用矾红彩描金云龙纹西餐具一组

生生不息

江西自古水土宜陶。万年窑火，烧成世界史上最早的陶制容器；方国文明，筑成南方印纹硬陶中心；技术革新，洪州窑青瓷领时代之先；木叶跃鹿，吉州窑绘出民窑新篇章；釉下青红，景德镇开启彩瓷新时代；明清御窑，江右佳器登瓷史新高峰。衣钵相传的陶瓷工匠们汇集于江西，共同谱写了一部源远流长的陶瓷史诗。

中华文明是世界上最传承有序的文明，最开放包容的文明，最和平友好的文明。江西陶瓷印透着中华文明的优秀特质，构筑起跨越山海的文化津梁。回望过去，江西陶瓷在世界陶瓷史上举足轻重；立足现在，传承创新让陶瓷文化焕发时代光彩；面向未来，江西陶瓷将为世界文明的互鉴同兴续写新篇。

EVERLASTING LIFE

Jiangxi has been suitable for pottery making since ancient times. The earliest pottery in world history was created here ten thousand years ago. The center of stamped hard pottery in the southern region was formed here during the period of the civilization of the regional states. The celadon of Hongzhou Kiln led the era because of its technological innovation. The wooden leaf pattern of Jizhou Kiln painted a new chapter in the folk kiln, and the underglaze blue and red of Jingdezhen Kiln ushered in a new era of colored porcelain. The Imperial Kiln of the Ming and Qing Dynasties made Jiangxi Province reach a new peak in the history of porcelain. Ceramic craftsmen gathered here to jointly compose a long-standing ceramic epic.

The Chinese civilization is one of the most systematically inherited civilizations in the world. It is also the most open, inclusive, peaceful, and friendly civilization in the world. Jiangxi ceramics show us the excellent characteristics of Chinese civilization and build a cultural bridge across mountains and seas. Looking back, Jiangxi ceramics played an important role in the history of world ceramics. Building upon the present, the combination of inheritance and innovation brings the ceramic culture a radiant glow of the times. Facing the future, Jiangxi ceramics will continue to write a new chapter in the mutual appreciation and joint prosperity of world civilizations.

御瓷歸來
前言

神頤心悅
清閒書史挹菁英

御瓷归来
PREFACE
御窑廠

何以御窑
第一部分
PART I

展览项目策划与实施

主办单位　江西省博物馆　故宫博物院

协办单位　景德镇御窑博物院　景德镇中国陶瓷博物馆　沈阳故宫博物院
　　　　　山西博物院　天津博物馆　江西省文物考古研究院

项目负责　刘　薇　郑　宏

内容撰稿　李雪蕾　郭姣姣　钟洪香

形式设计　赵　涛

宣传推广　罗永顺　方译翎　姜　琦

讲解社教　娄慧莹　祝艺华

项目联络　曾宪辉　李文瑾　温晓玫

展品支持　都　都　吕韶音　肖　鹏　方婷婷　陈　新　付　博　杨　芸
　　　　　徐春苓　乔　岳　李育远　饶华松

协助布展　赵聪月　黄卫文　高晓然　蒋　艺　马云华　鲍　楠

文物摄影　余宁川　张龙辉　毛　翼　各参展单位提供

文稿审校　刘　迪

英文翻译　邵　毓　程　航

图书在版编目（CIP）数据

御瓷归来 / 故宫博物院，江西省文化和旅游厅主编；
江西省博物馆编著．-- 南昌：江西人民出版社，2024.
12. -- ISBN 978-7-210-16034-2

Ⅰ．K876.32

中国国家版本馆 CIP 数据核字第 2024GB7277 号

御 瓷 归 来
YUCI GUILAI

故宫博物院　江西省文化和旅游厅　主编　　江西省博物馆　编著
出品人：梁菁　　责任编辑：章雷　　书籍设计：大尉 + 同异文化传媒
出版发行：江西人民出版社　　地址：江西省南昌市三经路 47 号附 1 号
编辑部电话：0791-86898860　　发行部电话：0791-86898801　　邮编：330006
网址：www.jxpph.com　　电子信箱：jxpph@tom.com
经销：各地新华书店
版次：2024 年 12 月第 1 版　　印次：2024 年 12 月第 1 次印刷
开本：787 毫米 ×1092 毫米　1/8　　印张：23.5　　字数：30 千字
书号：ISBN 978-7-210-16034-2　　赣版权登字 -01-2024-814
定价：380.00 元
承印厂：雅昌文化（集团）有限公司

版权所有　侵权必究
赣人版图书凡属印刷、装订错误，请随时与江西人民出版社联系调换。
服务电话：0791-86898820

ISBN 978-7-210-16034-2
9 787210 160342 >